마음이 치우치지 않게 중심을 잡는 힘

나를 만드는 열두 가지 태도

마음이 치우치지 않게 중심을 잡는 힘

나를 만드는 열두 가지 태도

강승임 글 ★ 김혜령 그림

글쓴이의 말

태도가 중요해요! 그런데 태도가 뭐예요?
중심을 잡아 주는 내면의 힘,
내 안에 있는 것 중 가장 나인 거랍니다.

    태도는 공부든 생활이든 일이든 인간관계든 우리가 살아가는 데 가장 큰 힘을 발휘하는, 아주 기본적인 몸가짐이자 마음가짐이에요. 이 태도가 우리 마음에 단단히 박혀 있지 않으면 무슨 일을 해도 누구를 만나도 갈팡질팡할 수 있어요. 기분이나 감정에 따라 이랬다저랬다 하는 거지요. 그런 의미에서 좋은 태도를 기르는 것이 정말 중요하답니다.
    그래서 『나를 만드는 열두 가지 태도』를 쓰게 됐어요. 좋은 태도를 기르려면 태도가 무엇인지, 어떻게 길러야 하는지 아주 구체적으로 알아야 하니까요.
    이 책에는 열두 어린이가 나와요. 모두 고민이 있는 친구들이에요. 그 고민의 정체는 마음속 갈등이랍니다. 좋아하는 친구에게 고백했는데 거절당해서 사과를 해야 하나 말아야 하나, 오래 사귄 친구와 점점 마음이 맞지 않아 계속 만나야 하나 말아야 하나, 무엇이든 혼자 하는 게 좋고 익숙한데 단체 활동에 참여해야 하나 말아야 하나 등 누구나 가지고 있음 직한 고민들이지요. 이 친구들은 어떻게 해야 좋은지 결정하기 어려워 마음이 답답하고 불편해요.

책 속 친구들은 고민을 한가득 가지고 고민 치유소에서 '고치'를 만나요. 고치는 이런 어지러운 속마음을 들어주고 각각의 경우에 알맞은 태도가 무엇인지 다정하게 알려 줘요. 그러면 어느새 친구들의 마음속에서 변화가 일어나 서서히 마음의 중심이 잡혀요. 나비가 날개를 펼치듯 좋은 태도의 날개가 균형 있게 펼쳐지는 거지요.

태도는 내 안에 있는 것 중 가장 나인 거랍니다. 좋은 태도로 좋은 나를 드러내려면 내 마음의 중심 잡기가 필요해요. 모자라지도 않고 넘치지도 않는, 딱 적절하고 똑바른 태도를 스스로 만들어 가야 하지요.

우리는 태도로 나 자신을 만나고, 친구와 주변 사람들을 만나고, 세상을 만나요. 그래서 좋은 태도가 잘 잡힌 사람은 존재감이 있답니다. 존재감이 있는 사람은 주변에 인정을 받으며 무슨 일을 해도 차분하고 당당하지요. 그리고 자신을 사랑하고 진심으로 주변을 돌볼 줄 알아요. 그렇게 자기 삶을 행복으로 가득 채워 가지요.

이제, 열두 친구들과 고치를 만나러 가 볼까요?

강승임

차례
글쓴이의 말 …… 4

나다운 나를 만드는 태도

첫 번째 태도

용기 두려움과 무모함 사이 …… 12
\# 두려움에 거리를 두는 태도
★ 좋은 태도가 습관이 되려면 | 슬기로운 용기가 필요해

두 번째 태도

정직 숨김과 들춰냄 사이 …… 22
\# 진실을 소중하게 여기는 태도
★ 좋은 태도가 습관이 되려면 | 정직이 최선이라고 생각하자

세 번째 태도

성실 대충과 완벽 사이 …… 32
\# 정성을 다하는 태도
★ 좋은 태도가 습관이 되려면 | 주어진 시간을 성실하게 보내자

네 번째 태도

절제 억누름과 지나침 사이 …… 42
\# 하고 싶은 마음을 조절하는 태도
★ 좋은 태도가 습관이 되려면 | 즐겁게 지내면서 절제하자

2장
존중하는 나를 만드는 태도

다섯 번째 태도

예의 제멋대로와 엄격함 사이…… 54
\# 공손한 마음으로 순서를 지키는 태도
★ 좋은 태도가 습관이 되려면 | 더불어 살아가려면 예의를 지켜야 해

여섯 번째 태도

우정 친밀함과 불편함 사이…… 64
\# 친구와 진심을 나누는 태도
★ 좋은 태도가 습관이 되려면 | 뿌리 깊은 우정은 흔들리지 않아

일곱 번째 태도

공감 무관심과 동정심 사이…… 74
\# 마음을 이해하고 감정을 공유하는 태도
★ 좋은 태도가 습관이 되려면 | 좋은 관계는 공감에서부터

여덟 번째 태도

배려 자기중심과 타인 중심 사이…… 84
\# 다른 사람을 챙기고 돌보는 태도
★ 좋은 태도가 습관이 되려면 | 나를 배려하듯 남을 배려하자

정의로운 나를 만드는 태도

아홉 번째 태도

책임 자율과 의무 사이······ 96
\# 주인답게 실천하는 태도
★ 좋은 태도가 습관이 되려면 | 나의 일을 책임감 있게

열 번째 태도

포용 무조건 거부와 이기적 감싸기 사이··· 106
\# 다름과 부족함을 너그럽게 받아들이는 태도
★ 좋은 태도가 습관이 되려면 | 모든 생명을 포용하는 땅처럼

열한 번째 태도

공정 똑같게와 다르게 사이······ 116
\# 같은 기회 속에서 치우치지 않는 태도
★ 좋은 태도가 습관이 되려면 | 공정한 마음으로 공정한 행동을

열두 번째 태도

협력 나만의 이익과 집단의 이익 사이······ 126
\# 함께 문제를 해결하는 태도
★ 좋은 태도가 습관이 되려면 | 협력하면서 얻는 기쁨을 누려 봐

고민 치유소에 첫 방문하는 아이들을 위한 안내서

나는 고민 치유소의 고치야!
마음이 어지럽다면 누구든 환영이야.
네가 고민을 해결할 수 있도록
상황에 알맞은 태도를 알려 줄게.

1. 고민 치유소 입장하기!
2. 고민 털어놓기!
3. 모자라거나 넘치지 않게 마음의 중심 잡기!
4. 올바르게 결정하고 행동하기!
5. 나만의 가치관 완성하기!

고민 치유소를 나서면
마음가짐과 몸가짐이 단단해질 거야!
이제 고치에서 나비가 돼
세상에 진짜 모습을 보여 주자!

1장 나다운 나를 만드는 태도

스스로 올바르게 성장하기

내가 부족하다고 느낄 때가 있어.
나 자신을 자랑스럽게 여기려면 어떻게 해야 할까?
나를 단단하게 하는 나만의 가치는 무엇일까?

첫 번째 태도

용기

두려움과 무모함 사이

\# 두려움에 거리를 두는 태도

수호가 던지는 마음의 질문
용기는 무엇일까?

"수호 넌 겁이 많은 것 같아."
"뭐라고?"
수호의 얼굴이 훅 달아올랐다.
"예전에 유나 좋아했을 때도 고민만 하다가 결국 고백 못 한 거 아냐? 차일까 봐 겁나서."
"갑자기 유나 이야기가 왜 나와?"
수호는 몸을 부들대며 두 주먹을 꼭 쥐었다. 준서는 수호랑 단짝이라서 수호에 대해 모르는 것이 없었다.

유나는 수호가 2학년 때 좋아했던 여자아이다. 짝꿍을 하면서 좋아하게 됐고, 수호는 고백할까 말까 몇 달을 고민했다. 그러는 사이 한 학기가 훌쩍 지나고 2학년이 끝날 무렵 유나가 전학을 가 버렸다. 수호는 자신이 너무 소심했던 것 같아 두고두고 후회했다.

수호는 준서도 똑같이 놀려 주고 싶었다. 수호도 준서에 대해 아는 것이 많았다.

"그러는 너는? 무조건 고백만 하면 뭐 하냐? 창피하게 바로 차이는데. 차라리 나처럼 고백 안 하는 게 낫지."

"난 하나도 창피하지 않아. 차여도 고백하는 게 낫지. 가만있으면 누가 마음을 알아주냐?"

준서도 기분이 나빠진 모양인지 목소리가 커졌다.

두 사람은 서로 아무 말도 하지 않고 서로를 노려봤다. 그러다가 준서가 먼저 책가방을 챙겨 들고 교실을 나섰다. 수호는 한숨을 푹 쉬었다.

'준서 말이 맞을지도 몰라.'

수호는 토요일마다 열리는 어린이도서관 책교실 수업에서 처음 만난 다윤이를 떠올렸다. 초롱초롱한 눈을 가진 다윤이가 자꾸 생각났다. 아무래도 다윤이를 좋아하게 된 것 같았다. 이번에도 고백할까 망설이던 참이었는데, 준서가 겁이 많다고 놀려서 더 울컥했다.

'고백해 볼까?'

갑자기 수호 가슴이 쿵쾅거렸다. 당장 고백하라고 마음속에서 누군가가 외치는 것 같았다.

다음 날 수호는 준서에게 다윤이를 좋아한다고 털어놓았다. 이번에는 꼭 마음을 전하고 싶다고도 덧붙였다. 그러자 준서는 어제 싸운 일은 잊어버린 것처럼 수호를 도와주겠다면서 발 벗고 나섰다.

"이거 다윤이 번호야. 은채가 말해 줬어. 둘이 친하더라고."

점심시간이 되기도 전에 친구가 많은 준서가 다윤이의 전화번호를 알아 온 것이다.

"고마워. 그런데 너 혹시 은채한테 내가 다윤이 좋아한다는 말을 한 건 아니지?"

"그냥 수호 네가 다윤이 번호 궁금해한다고만 했지."

"뭐? 그게 그거잖아!"

"알면 어때? 그런 거 신경 쓰면 아무것도 못 해. 어차피 고백하기로 마음먹었으면 직진해야지. 그 정도 용기도 못 내?"

준서는 마치 훨씬 나이 많은 형처럼 수호를 타일렀다.

"뭐 해? 얼른 문자 해."

수호는 떨리는 마음을 다잡으며 조심스레 문자 창을 띄웠다.

'다윤아, 나 수호야. 내가 널 좋아하게 된 것 같아. 이번 주 토요일에 책교실 수업 끝나고 잠깐 만날래?'

수호는 문자를 다 쓰고도 한참 망설이다가 결국 전송 버튼을 꾹 눌렀다.

수호는 토요일이 될 때까지 내내 다윤이가 무슨 말을 할지 몰라서 마음을 졸였다. 아직 답장은 오지 않았지만, 다윤이가 문자를 본 것은 확실했다.

수호는 책교실 수업 시작 시간보다 30분이나 일찍 도서관에 도착했다. 수호는 열람실 구석진 자리에 앉아 아무 책이나 붙잡고 읽으며, 널뛰는 마음을 달랬다.

그때 다윤이와 은채가 열람실로 들어왔다.

"다운아, 이따가 수호 만날 거야?"

"아니. 날 잘 알지도 못하면서 왜 좋아한다고 하는 건지 모르겠어. 그런 문자 보내는 거 기분 나빠."

다운이의 뾰족한 말투에 수호는 손을 바르르 떨었다. 망치로 머리를 세게 얻어맞은 기분이 들었다. 수호는 어렵게 용기를 냈는데 바로 거절을 당해서 당황했다. 그리고 서운하면서도 동시에 창피했다.

고민 치유소

용기 있는 행동이 실패하면 어떻게 해야 할까?

 비밀 보장! 답답한 속마음 편하게 얘기해 봐.

용기 내서 고백했는데 바로 차였어.

 헉, 기분이 안 좋겠다.

고백을 못 해도 후회, 해도 후회인가 봐. 소문나서 친구들이 놀리면 어떡하지?

 일단 그런 두려움과 거리를 둬. 사실 거절당하는 것도, 소문나는 것도 그리 겁낼 일이 아니야.

어떻게 겁내지 않을 수 있지?

 용기를 가져. 두려워할 만한 것을 두려워하고, 그렇지 않은 건 의연하게 대하는 거지. 부끄럽고 눈치 보이겠지만 전과 다름없이 행동해. 그런 다음 그 친구가 왜 거절했는지 천천히 생각해 봐.

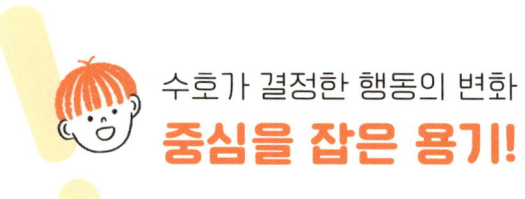

수호가 결정한 행동의 변화
중심을 잡은 용기!

'두려워할 만한 것을 두려워하라고?'

수호가 곰곰이 생각해 보니 거절당하는 것도, 친구들에게 놀림당하는 것도 사실 두려워할 만한 일이 아니었다. 수호 자신이 한 행동에 대한 결과니까 다른 사람을 탓할 필요도 없었다.

수호는 다윤이가 어떤 마음이었을지 상상해 봤다.

'서로 얼굴만 아는 아이가 갑자기 좋아한다고 말하니 얼마나 터무니없었을까?'

자기 마음만 앞세웠기 때문에 거절당한 거라고 생각하니, 수호는 서운하고 창피했던 마음이 가라앉았다.

"거절당하는 것도 자꾸 겪다 보면 아무렇지 않을 거야."

언제 왔는지 준서가 수호의 어깨를 툭 치며 말했다.

"다짜고짜 고백하는 것도 용기가 아니라고 생각해. 무모한 행동이지."

수호가 평소와 다르게 차분히 말하자 준서가 입을 꾹 다물었다.

수호는 다윤이에게 사과해야겠다고 다짐했다. 떨리지만 이번에야말로 진짜 용기를 내 보기로 했다.

태도 사전 >>

마음가짐과 몸가짐이 단단해지는 **용기**

용기는 자기 잘못을 솔직하게 인정하는 것

용기는 친구의 잘못을 모른 척하지 않고 말해 주는 것

용기는 문제 상황을 피하지 않고 내 의견과 기분을 전하는 것

용기는 실패했을 때 이유를 알아보고 다시 도전하는 것

 **좋은 태도가 습관이 되려면**

슬기로운 **용기**가 필요해

만약 사나운 호랑이가 나를 향해 달려온다면 어떻게 해야 할까? 똑같이 호랑이를 향해 돌진할 거야? 아니면 후다닥 도망칠 거야? 사실 둘 다 근본적인 해결책이 아니야. 아무 생각 없이 무모하게 돌진하면 호랑이에게 크게 다칠 수 있고, 도망치면 언젠가 다시 호랑이의 공격을 받을 수 있으니까.

이 호랑이는 '두려움'이야. 우리 마음속에서 용기를 쫓아내고 나쁜 일이 일어날 것 같은 불안을 불러일으키지. 이 두려움과 억지로 싸우려고 하면 힘들기만 할 거야. 그렇다고 두려움을 무조건 피하기만 해서도 안 돼. 결국 아무것도 해결되지 않을 테니까. 두려움에 슬기롭게 대처할 수 있는 용기를 길러 보자.

실천1 무모함은 용기가 아니라는 사실을 인지하기

실천2 왜 두려운지, 정말 겁낼 만한 일인지 따져 보기

실천3 두려움을 이겨 낼 수 있는 나만의 방법을 고민해 보기

나의 용기 레벨 확인하기

다음 각 상황에서 용기가 어느 정도 필요할지 표시해 보자.

정도	거의 필요 없음 ·········· 매우 필요								
레벨	1	2	3	4	5	6	7	8	9
예) 처음 만난 친구에게 말을 걸 때	●	●	●	●	●	●			
사람들 앞에서 발표할 때									
좋아하는 친구에게 고백할 때									
내 잘못을 털어놓아야 할 때									
나를 괴롭히는 친구에게 그만하라고 해야 할 때									

두 번째 태도

정직

숨김과 들춰냄 사이
진실을 소중하게 여기는 태도

은채가 던지는 마음의 질문
정직은 무엇일까?

'엄마가 깜짝 놀라시겠지?'

은채는 엄마가 칭찬해 주는 상상을 하며 집으로 가는 걸음을 재촉했다. 하지만 마음 한구석은 돌 하나가 얹어진 것처럼 답답하기도 했다.

"우리 반에서 백일장 은상이 나왔다. 정은채!"

종례 시간에 선생님이 상장 하나를 들고 와 은채 이름을 불렀다. 은채는 상을 받은 적이 별로 없어서 잘못 들은 줄 알고 멀뚱히 앉아만 있었다.

"은채야, 뭐 하니? 얼른 나와서 상 받으렴. 모두 박수!"

은채가 앞으로 나가 상장을 받자 여기저기서 박수가 터져 나왔다.

"은채야, 선생님들이 심사하면서 표현이 참신하다고 칭찬했어. 그런데 글쓴이의 마음이 잘 드러나지 않아서 아쉽다고 하더라. 은채가 이렇게 시를 잘 쓰는 줄 몰랐네."

"네, 고맙습니다."

은채가 선생님 눈치를 보면서 어색하게 웃었다.

선생님이 이번에는 반 아이들을 둘러보며 한마디 했다.

"은채가 상을 받아서 그나마 선생님 체면이 섰어. 다른 반 선생님들과 심사를 하는데 우리 반 글들이 제일 성의가 없더구나. 너무 대충이었어. 생각과 느낌, 표현 모두 부족하더라."

선생님은 못마땅한 얼굴로 고개를 가로저었다.

"선생님, 너무 솔직하신 거 아니에요? 저희 상처받아요."

기범이가 두 손을 포개서 제 가슴에 얹으며 장난스레 말했다.

"상처받으라고 한 말이야. 특히, 기범이 너! 네가 제일 대충 하는 거 알지? 글씨부터 엉망이더라."

선생님이 지적하자 기범이는 입을 꾹 다물었다.

은채는 속으로 뜨끔했다. 은채의 시에 비밀이 있었기 때문이다. 하지만 은채가 말하지 않는 이상 선생님이 알 리가 없었다.

종례를 마치자마자 은채는 상장을 들고 냉큼 집으로 달려갔다.

"엄마, 저 상 받았어요!"

은채는 현관문을 열자마자 상장을 흔들며 엄마를 불렀다.

"정말? 어머, 이게 무슨 일이야?"

예상대로 엄마가 환하게 웃으며 상장을 받아 들었다.

"와, 우리 집안에 작가가 있었다니. 은채 대단하다!"

집에 와 있던 이모도 호들갑을 떨었다. 이모는 아이를 가져서 볼록한 배를 감싸며 엄마 곁으로 다가와 상장을 구경했다.

"어린이도서관에서 운영하는 책교실 수업에 다닌 이후로 은채가 책을 엄청 많이 읽거든. 그 덕에 글쓰기 실력도 확 느는 것 같아."

엄마가 자랑스러워하며 식탁 위에 쌓여 있는 책들을 가리켰다.

"정말? 이걸 다 읽었다고? 대단하다. 우리 축복이도 은채 닮아서 책도 많이 읽고 글도 잘 써야 할 텐데. 은채야, 잘 부탁해."

이모가 배를 어루만지며 은채에게 눈을 찡긋했다.

"학원 숙제 해야 해서 방에 먼저 들어갈게요."

은채는 엄마와 이모가 생각보다 더 기뻐하자 마음이 부담스럽고 불편해졌다. 은채는 서둘러 책가방을 챙겨 들고 도망치듯 방으로 들어왔다. 그러고는 가방에서 '꼭꼭 숨겨진 초등 동시 100'이라고 쓰인 인쇄물 묶음을 꺼냈다. 은채가 인터넷에서 찾아서 인쇄해 놓은 것이었다. 은채는 동시들을 훑어보다가 한숨을 내쉬며 인쇄물을 서랍 속에 숨기듯이 집어넣었다.

다음 날 은채는 학교 쉬는 시간에 화장실에 들어가려다 멈춰 섰다. 안에서 은채에 대해 이야기하는 소리가 들렸기 때문이다. 짝꿍 유빈이 목소리였다.

"은채가 백일장에서 상 받은 시 말이야. 그거 베낀 거 같아. 은채가 인터넷에서 동시들을 잔뜩 인쇄했다고 말했거든. 거기서 베껴 쓴 게 틀림없어. 사실 은채가 글을 잘 쓰지는 않잖아."

"야, 박유빈! 그게 무슨 소리야?"

은채가 화장실 문을 세게 열어젖히며 나타나자 모여 있던 여자아이들이 흠칫 놀랐다. 하지만 유빈이는 팔짱을 끼며 오히려 은채 쪽으로 한 발짝 다가왔다.

"은채 너, 시 베껴 쓴 거 아냐?"

"네가 봤어?"

"억울하면 저번에 네가 인쇄한 동시들이랑 네가 쓴 시랑 대조해 보면 되겠네. 속이면 너만 손해야. 실력은 금방 들통나."

'실력'이라는 말에 은채는 심장이 덜컥 내려앉는 것 같았다. 한편으로는 함부로 다른 아이들에게 자신의 비밀을 들춰낸 유빈이한테 서운하기도 했다.

정직하지 않으면 왜 손해일까?

> 상 받은 거 취소될 것 같아.

 무슨 상?

> 사실 백일장에서 은상 받은 동시, 다른 사람이 쓴 것을 베껴 쓴 거야. 그런데 그 사실을 친구가 눈치챘어.

 하, 괴롭겠다. 선생님께 털어놓을 거야?

> 화내시면 어떡하지? 내가 속였다고 생각하실 거야.

 그 반대일 수도 있어. 숨기는 것보다 사실대로 말하면 오히려 너에 대한 믿음이 생길 거야.
정직하게 말씀드려. 진실을 소중하게 여기고 잘못을 바로잡으면 분명 좋은 결과가 있을 거야.

은채가 결정한 행동의 변화
중심을 잡은 정직!

다음 날 은채는 유빈이에게 먼저 말을 걸었다.

"오늘 선생님께 솔직히 말씀드릴 거야."

유빈이는 눈을 동그랗게 뜨고 입을 달싹이다가 말문을 열었다.

"어제 내가 함부로 말한 것 같아. 사실 나도 백일장에서 상을 받고 싶었는데 네가 상 받아서 질투 났나 봐. 미안해."

유빈이가 자기 마음을 솔직하게 말해 주자, 은채도 선생님을 마주할 힘이 났다.

종례가 끝나고 은채는 교무실로 가서 담임 선생님 앞에 섰다.

"선생님, 제가 백일장에 낸 시, 다른 시를 베껴 쓴 거예요."

"이런……."

선생님은 한동안 아무 말도 하지 않았다.

은채는 조마조마하면서도 왠지 후련했다. 그리고 먼저 잘못을 인정하고 꾸지람을 듣는 편이 훨씬 낫다고 생각했다.

잠시 뒤 선생님이 미소를 띠며 부드럽게 말을 이었다.

"은채야, 솔직히 말해 줘서 고맙구나. 표절은 분명 잘못된 일이지만, 지금 이렇게 진실을 말해 준 건 칭찬해 주고 싶다."

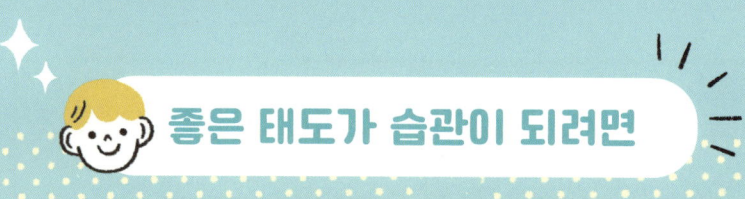 좋은 태도가 습관이 되려면

정직이 최선이라고 생각하자

양치기 소년의 이야기를 아니? 늑대가 나타났다고 계속 거짓말을 하니까 나중에 진짜 늑대가 나타났을 때 아무도 그 말을 믿지 않았지. 남을 속이고 거짓말하면 누구에게도 신뢰를 얻지 못해. 무엇보다 말과 행동이 일치하지 않으면 결국 다른 사람에게 의심을 받게 될 거야. 만약에 부모님한테 게임을 한 시간만 하겠다 말하고서, 그 약속을 무시하고 두 시간을 하면 어떻게 될까? 아마 부모님은 게임을 아예 못 하게 할 수도 있을 거야.

정직이 최선이라고 생각하고 행동하면, 믿음직스러운 사람으로 인정받을 수 있어. 그러면 자연스럽게 사람들과 좋은 관계를 맺을 수 있지.

실천1 나답지 않은 모습으로 나를 억지로 꾸미지 않기

실천2 진실을 말하는 것을 두려워하지 않기

실천3 만약 거짓말을 해서 안 좋은 상황이 벌어진다면 스스로 책임지기

거짓말의 문제점 파악하기

다음과 같은 이유로 거짓말을 하면 어떤 문제가 생길까?
누구의 생각과 비슷한지 말해 보자.

엄마한테 거짓말을 했어.
단원 평가 점수를 고쳐서 보여 줬거든.
시험을 못 보면 엄마가 실망하니까 그랬어.

나중에 진짜 실력이 드러나면 엄마가 더
실망하지 않을까? 더 이상 널 믿지 않고,
네가 하는 모든 행동을 의심하게 될 거야.

점수가 높으면 네가 어떤 점이 부족한지
몰라서 엄마가 너의 공부를 도와줄 수 없어.
그럼 너는 진짜 실력을 기를 수 없을 거야.

한 번 거짓말을 해서 성공하면 자꾸 거짓말이
늘어나고 다른 사람까지 아무렇지 않게 속이겠지.
그럼 너는 거짓말쟁이가 되는 거야.

세 번째 태도

성실

대충과 완벽 사이

\# 정성을 다하는 태도

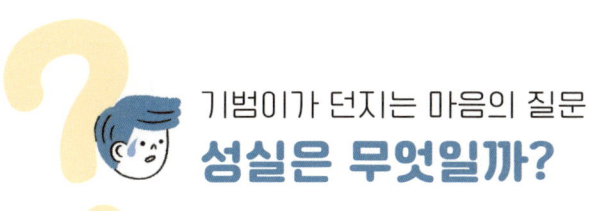

기범이가 던지는 마음의 질문
성실은 무엇일까?

"형, 아직 안 끝났어?"

기범이는 피아노 학원에서 자유곡 연습을 마치고 희범이가 연습하고 있는 곳으로 갔다. 희범이는 피아노 연습에 열중해 있어서 기범이가 옆에 와 있는 줄도 모르는 듯했다.

"기범아, 너도 두 번만 더 치고 가는 게 어때? 속도가 점점 빨라지니까 계속 실수하잖아. 박자 맞춰서 한 음 한 음 다시 쳐 보자."

피아노 선생님이 기범이의 어깨에 손을 올리며 말했다.

"오늘 친구랑 약속 있어요. 내일 하면 안 돼요?"

기범이의 머릿속은 민찬이를 만날 생각으로만 가득 차 있었다.

"그럼 집에서 두어 번은 더 연습하고 와. 지각 좀 하지 말고."

"네."

"기범이 간다는데, 희범이도 같이 갈 거니?"

피아노 선생님은 희범이에게 물었다.

"저는 좀 더 연습하고 갈게요. 자꾸 같은 부분에서 틀려서요."

희범이는 마음에 들지 않아서 그런지 짜증이 잔뜩 난 목소리였다. 희범이는 기범이에게 먼저 가라고 손짓하고는 다시 피아노 연습을 시작했다.

"쌍둥이인데 어쩜 이렇게 다르니. 형은 완벽주의자, 동생은 대충대충."

피아노 선생님이 이해할 수 없다는 표정으로 둘을 번갈아 봤다.

기범이는 선생님 말을 못 들은 척 얼른 피아노 학원을 나섰다.

"기범아, 여기야!"

토스트 가게에 먼저 와 있던 민찬이가 기범이를 불렀다. 오늘 기범이는 민찬이네 집에 가서 함께 컴퓨터 게임을 하기로 했다.

"너도 토스트 하나 먹을래? 이거 새로 나온 더블치즈불고기 토스트인데 엄청 맛있어. 나 벌써 두 개째야."

민찬이는 두어 입 베어 먹은 토스트를 흔들어 보였다. 기범이는 고개를 끄덕이며 민찬이와 같은 토스트를 주문했다.

"기범아, 내일 과학 상상 그리기 대회 있잖아. 넌 뭐 그릴 거야?"

민찬이가 먼저 토스트를 다 먹고는 기범이에게 물었다.

"그냥 대충 그리려고. 나는 상 욕심도 없고, 어차피 그림도 잘 못 그리니까."

기범이는 왜 그리기 대회를 신경 써야 하는지 이해할 수 없었다.

민찬이네 집에서 두 시간 동안 실컷 게임을 하고 집에 가 보니 여섯 시가 조금 지나 있었다.

"희범이는 벌써 왔는데 너는 왜 이제 오니?"

엄마가 시계를 가리키며 기범이에게 따져 물었다.

"학원 끝나고 민찬이랑 놀다 온다고 했잖아요."

기범이는 엄마가 자기 말을 흘려듣고는 야단치는 게 언짢았다.

"그럼 일찍 와서 학습지 밀린 거 해야지. 아까 보니까 풀지 않은 문제도 있고 글씨도 엉망이더라. 꼼꼼하게 좀 풀어."

"꼼꼼하게 풀었다고요."

"그게 꼼꼼한 거야? 형 반만 닮자. 사람이 성실해야지."

엄마가 답답해하며 기범이를 나무랐다.

기범이는 또 형이랑 비교하는 엄마한테 서운한 마음이 들어서 한마디 하려다가 입을 꾹 다물었다. 그래 봤자 엄마는 잔소리만 더 할 게 뻔했다.

'아침에 일찍 일어나야지! 학원에 시간 맞춰 가야지! 악보를 제대로 봐야지! 할 일을 미루지 말아야지! 넌 왜 그렇게 모든 일을 대충하니?'

엄마는 늘 이렇게 쏟아 내고는 한숨을 쉬었다. 기범이는 엄마가 자신에게 실망하는 것이 싫었다. 그래서 더 이상 대꾸하지 않고 얼른 방으로 들어갔다.

"아, 진짜 짜증 나! 한 시간 동안 그렸는데 다 망쳤어. 바탕색이 맘에 들지 않아."

방에서 그림을 그리고 있던 희범이가 화를 내면서 스케치북 한 장을 북 찢어 버렸다.

기범이가 얼핏 보니 내일 과학 상상 그리기 대회에서 그릴 그림을 미리 연습하는 것 같았다. 잘 그린 것 같은데 희범이가 자기 그림을 마음에 들어 하지 않는 것이 이해되지 않았다. 기범이가 보기에는 희범이는 무엇이든 지나치게 신경 쓰고 지나치게 꼼꼼해 보였다.

'엄마랑 피아노 선생님이 원하는 게 희범이 형처럼 완벽하게 하는 건가?'

기범이는 머릿속이 복잡해졌다.

고민 치유소

무엇이든 완벽하게 하는 것이 성실일까?

 왜 엄마랑 선생님은 맨날 꼼꼼하게 하라는 걸까? 좀 대충 하면 안 되나?

 안 될 건 없지. 근데 혹시 귤 좋아해?

 응, 엄청!

 잘 익은 귤이랑 덜 익은 귤이 있으면 어느 거 고를 거야?

 당연히 잘 익은 귤이지.

 그거야! 꼼꼼하게 한다는 건 잘 익은 귤을 키우는 것과 같아. 제대로 열매를 맺도록 말이야.

 우리 형은 꼼꼼한 성격 때문에 조금만 잘못돼도 성질부리는데?

 '완벽하게'가 아니라 '성실하게'! 주어진 시간에 정성을 들이는 것, 그게 바로 성실이야.

기범이가 결정한 행동의 변화
중심을 잡은 성실!

기범이는 맛있는 귤을 떠올렸다. 껍질이 반질반질 윤이 나고 알맹이가 톡톡 터지는 귤이 되기까지 농부는 매일매일 물과 거름을 주는 일을 꾸준히 했을 것이다. 그렇게 정성을 들여 가꿨기 때문에 귤이 잘 여물었을 것이다.

기범이는 학습지를 펼쳤다. 군데군데 비어 있는 답 칸이 눈에 띄었다. 새삼 창피했다.

"그래, 한 문제 한 문제 다시 보자."

기범이는 아주 오랜만에 집중을 했다. 그리고 이번에는 피아노 앞에 앉았다. 집에서 피아노를 친 적이 없어서 어색했다.

"한 음 한 음 치라고 했지?"

악보를 보며 천천히 치다 보니 매번 틀리던 부분을 이번에는 틀리지 않고 칠 수 있었다.

다음 날 기범이는 학교가 끝나고 바로 피아노 학원으로 갔다.

"어머, 기범아! 10분이나 일찍 왔네."

피아노 선생님이 놀라서 묻자 기범이는 큰 소리로 대답했다.

"이제 학교 끝나면 바로 올게요. 안 늦을 거예요."

태도 사전 >>

마음가짐과 몸가짐이 단단해지는 **성실**

성실은 해야 할 일이 무엇인지 잘 아는 것

성실은 시간을 잘 지키는 것

성실은 할 일을 미루지 않고 제때 하는 것

성실은 시작을 했으면 마무리를 짓는 것

좋은 태도가 습관이 되려면

주어진 시간을 성실하게 보내자

학년이 올라갈수록 해야 할 일들이 점점 늘어나는 것 같지? 공부, 숙제, 수행 평가, 방과 후 활동, 학원, 학습지 등등 말이야. 그래서 빨리 끝내 버리고 싶은 마음에 대충하게 될 때가 있어. 그런데 계속 대충대충 하다 보면 어떻게 될까? 좋은 결과를 얻지 못할 뿐만 아니라 실력도 쌓을 수 없어.

'무쇠도 갈면 바늘 된다'는 속담처럼 성실히 노력하면 어떤 어려운 일도 이룰 수 있어. 성실은 일을 하는 동안 마음을 쏟는 거야. 다른 생각은 하지 않고 그 일에만 집중하며 최선을 다하는 거지. 하루에 적어도 세 가지 계획을 세우고 시간을 정해 마무리까지 해 보자.

실천1 계획이나 약속을 무리하게 잡지 않기

실천2 작은 일도 소홀히 하지 않기

실천3 결과보다 과정을 중요하게 생각하기

시간 관리 노트 작성하기

하루를 성실하게 보내기 위해 시간을 관리해 보자.

날짜:　　　　요일:

	할 일	예정 시간	실제 시간
1	한자 학습지(3장)	3:30~4:00(30분)	3:30~3:57(27분)
2			
3			
4			
5			

실제 시간을 꼼꼼하게 적으면
다음에 시간을 어떻게 쓸지 관리할 수 있어.

네 번째 태도

절제

억누름과 지나침 사이

\# 하고 싶은 마음을 조절하는 태도

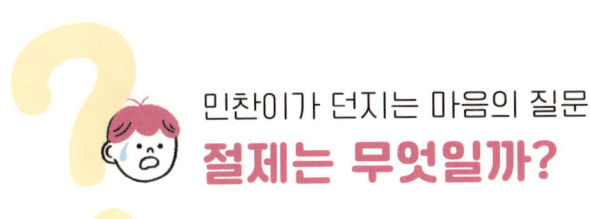
민찬이가 던지는 마음의 질문
절제는 무엇일까?

"민찬이가 요새 기분이 좋나 보네?"

수학 학원 원장님이 콧노래를 흥얼거리며 학원으로 들어오는 민찬이를 보고 빙그레 웃었다.

"헤헤, 기분 좋죠."

"혹시 학원 앞 토스트 가게에 새 메뉴가 나와서? 벌써 먹어 봤니?"

"당연하죠. 절대 못 참죠. 정말 맛있어요. 근데 더 좋은 일이 있어요! 아빠가 일요일에 휴대 전화 새로 사 주신대요."

"흠, 맨날 휴대 전화만 들여다보는 거 아냐?"

원장님이 팔짱을 끼며 눈을 가늘게 떴다.

"아니에요! 부모님이랑 약속했어요. 그리고 일단 내일 수학 단원 평가 100점 맞아야 해요. 이제 더 열심히 공부하려고요."

민찬이는 얼른 자리를 잡고 앉아서 수학 문제집을 폈다.

"저 이 색으로 할게요."

민찬이는 푸른빛 휴대 전화를 골랐다. 수학 단원 평가 100점을 맞아서 약속대로 아빠와 휴대 전화를 사러 나온 것이었다.

나를 만드는 열두 가지 태도 43

"아빠, 학교에 휴대 전화 가져가도 돼요?"

민찬이는 간절한 눈빛으로 아빠를 봤다.

"네 거니까 네 마음이지. 하지만 수업 시간에는 사용하면 안 된다."

"네!"

민찬이는 새 휴대 전화를 당장 학교에 가져가고 싶었다. 친구들에게 자랑하고 싶기도 했고, 휴대 전화로 하고 싶은 것이 정말 많았다.

이날 이후 민찬이는 휴대 전화와 한 몸이 된 것처럼 손에서 놓지 않았다. 틈만 나면 동영상을 보고 SNS를 하고 인터넷 검색을 했다. 노래도 휴대 전화로 들었다.

"민찬아, 온종일 휴대 전화만 들여다보면 어떡하니?"

엄마가 걱정하며 민찬이에게 말했다.

"휴대 전화 사 준 지 이제 일주일밖에 안 됐어. 너무 억누르는 것도 좋지 않아. 때가 되면 알아서 조절하지 않을까?"

아빠가 엄마를 말렸고, 민찬이도 엄마에게 휴대 전화를 덜 사용하겠다고 약속했다.

그렇게 한 달이 지났다. 하지만 아빠의 바람과 기대와는 다르게 민찬이는 휴대 전화 사용을 스스로 조절하지 못했다. 어느 순간부터는 밥을 먹으면서도 저도 모르게 휴대 전화를 봤다. 아빠가 결국은 민찬이에게 한마디 했다.

"식사할 때는 휴대 전화 안 보기로 약속했잖아. 얼른 내려놔."

"아……, 네."

하지만 민찬이는 하루도 안 돼 약속을 또 어기고 말았다. 한 손으로는 숟가락을 들고 다른 한 손으로는 게임을 한 것이다.

"박민찬!"

아빠가 버럭 소리를 질렀다. 그러고는 곧바로 민찬이의 휴대 전화를 빼앗아서 전원을 꺼 버렸다. 민찬이는 아빠가 휴대 전화를 아예 압수할까 봐 얼굴이 새파랗게 질렸다.

"아빠, 죄송해요. 이번 한 번만 봐주시면 안 돼요?"

민찬이는 울상을 지으며 잘못을 빌었다.

"진짜로 이번 한 번만이야. 그 대신 하루에 한 시간만 하자."

아빠 말에 민찬이는 어쩔 수 없이 고개를 끄덕였다. 하지만 수학 문제를 풀다가도, 친구와 얘기를 하다가도, 텔레비전을 보다가도, 밥을 먹다가도 민찬이는 휴대 전화를 들여다보는 것이 익숙했다. 그런데 이제 휴대 전화를 한 시간밖에 못 한다니까 민찬이는 마음이 괴로웠다.

그날 밤 12시에 민찬이는 조용히 눈을 뜨고 살금살금 거실로 나갔다. 그러고는 소리가 나지 않게 식탁 위에 놓여 있는 휴대 전화를 집어 들고 다시 방으로 들어가 이불을 뒤집어썼다.

"박민찬, 지금 뭐 하고 있니?"

아빠 목소리였다. 민찬이는 얼른 휴대 전화를 베개 밑에 숨겼다. 하지만 아빠는 이불을 걷은 뒤 휴대 전화를 찾아냈다.

"정말 실망이다. 이렇게 절제가 안 돼서 어떡하니? 하고 싶다고 뭐든 다 할 수는 없는 거야. 참을 줄도 알아야지!"

민찬이는 지금 상황이야말로 참지 못할 만큼 자기 자신이 부끄러웠다.

고민 치유소

어떻게 절제해야 할까?

나 휴대 전화 중독인가 봐.

 아무것도 안 하고 휴대 전화만 보는 거야?

그건 아니지만 휴대 전화가 없으면 괜히 불안한 느낌이 들어.

 조금씩 절제해야지.

나도 모르게 손이 간단 말이야.

 바로 그때가 절제해야 하는 순간이야.

어떻게?

 하고 싶은 마음을 조절하는 것, 그게 절제야.
"이제 충분해. 이제 만족해."라고 말해 봐.
그럼 하고 싶은 마음을 달랠 수 있을 거야.

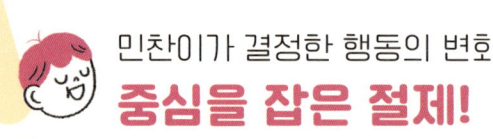

민찬이가 결정한 행동의 변화
중심을 잡은 절제!

민찬이는 결국 아빠에게 휴대 전화를 뺏겼다.

휴대 전화 없이 열흘이 지났다. 처음 사흘 동안은 불쑥불쑥 화가 나고 짜증이 났다.

"휴대 전화는 민찬이 네 것이 맞지만 지금은 줄 수 없어. 네가 휴대 전화를 절제할 수 있다고 생각하면 그때 돌려줄게."

아빠가 단호하게 말하자, 민찬이는 정신이 번쩍 들었다. 그리고 민찬이는 부모님한테 변한 모습을 보여 주기로 결심했다.

"더 안 먹니? 너 만두 좋아해서 배불러도 계속 먹잖아."

민찬이가 만두를 네 개 먹고 멈추자 엄마가 놀라며 물었다.

"하나 더 먹고 싶기는 한데 지금 딱 알맞게 배가 찼어요."

민찬이가 이렇게 말하자 엄마는 더욱 놀랐다. 평소 민찬이는 배가 불러도 자기가 만족할 때까지 먹었기 때문이다.

'이 정도면 딱 적당해. 충분히 먹었어.'

민찬이는 배를 두드리며 속으로 이렇게 말했다.

민찬이는 이제부터 절제를 몸에 익혀 보기로 마음먹었다.

태도 사전 >>

마음가짐과 몸가짐이 단단해지는 **절제** 🔍

절제는 조금 더 하고 싶을 때 멈추는 것

"배부르니까 그만!"

절제는 몸과 마음이 불편해하는 신호에 귀 기울이는 것

"마음을 다스리자!"

절제는 화가 날 때 바로 화내지 않는 것

절제는 정해진 시간 안에서 최대한 즐겁게 노는 것

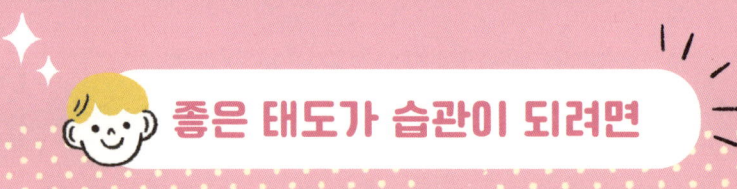 **좋은 태도가 습관이 되려면**

즐겁게 지내면서 **절제**하자

괴롭고 힘들게 살고 싶어 하는 사람이 있을까? 아마 대부분은 하루하루 즐겁게 살고 싶을 거야. 먹고 싶으면 실컷 먹고, 사고 싶으면 실컷 사고, 가고 싶으면 여기저기 실컷 다니면서 말이야. 하지만 이렇게 하고 싶은 대로 다 하면서 살 수는 없어. 자기 마음 내키는 대로 하다 보면, 우리 몸이 병날 수도 있고 정작 중요한 일을 제때 못 할 수도 있어. 그래서 절제가 필요해.

그렇다고 하고 싶은 것을 전부 억누르라는 것은 아니야. 적당히 하라는 거지. 몸이 상하지 않고 즐거움을 잃지 않을 정도로 말이야. 무언가를 할 때 더 하고 싶은 마음이 생기면 일단 멈추고 충분한지 아닌지 생각해 봐.

실천1 계획을 세우고 나서 물건을 사기
실천2 함부로 화내지 않기
실천3 정해진 시간에 자고 일어나는 것처럼
　　　　 규칙적으로 생활하기

절제하는 생활 실천하기

평소에 내가 절제하지 못해서 생긴 고민이 있니?
그 문제점과 해결 방법을 생각해 보자.

> 예시)
> 휴대 전화를 계속 사용한다, 밤늦게까지 게임을 한다,
> 배가 불러도 음식을 계속 먹는다, 달고 기름진 음식만 먹는다,
> 충동적으로 물건을 산다, 자주 지각한다, 화를 자주 낸다,
> 텔레비전을 계속 본다

1. 내가 절제하지 못하는 점 찾아보기

2. 절제하지 못해서 생기는 문제점 파악하기

3. 해결 방법 생각해 보고 실천하기

2장 존중하는 나를 만드는 태도

내가 먼저 너를 이해하기

나를 고집하다가 너를 무시하게 될 때가 있어.
서로 부드럽게 대하려면 어떤 마음가짐이 필요할까?
나를 존중하는 만큼 너를 존중하면 어떨까?

다섯 번째 태도

예의

제멋대로와 엄격함 사이
공손한 마음으로 순서를 지키는 태도

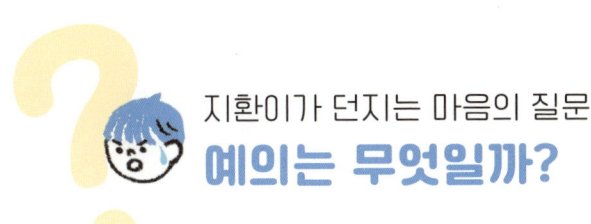

지환이가 던지는 마음의 질문
예의는 무엇일까?

방과 후 교실에서 북 치는 수업이 있는 날이었다. 지환이는 아까부터 나리가 자신을 노려보고 있다는 것을 알았지만 모른 척했다. 결국 나리가 지환이에게 성큼성큼 다가왔다.
"강지환, 너 그 북채 얼른 내놔."
나리가 팔짱을 끼며 고개로 지환이가 들고 있는 북채를 가리켰다. 지환이는 황당해하며 나리를 올려다봤다.
"왜? 내가 먼저 집었잖아."
"뭐라고? 가을이가 집으려고 했는데 네가 가로챘잖아. 다들 순서대로 서서 북채를 잡고 있었는데, 넌 중간에 끼어들었잖아."
"그게 무슨 상관이야? 어쨌든 먼저 집은 건 난데."
지환이는 북채를 세게 움켜잡으며 북을 둥둥 두드렸다. 나리는 잠시 지환이를 노려보다가 자기 자리로 돌아갔다. 나리와 가을이가 지환이를 힐끔거리며 속삭였지만, 지환이는 끝까지 모른 척했다.

"엄마, 밥 주세요!"
지환이는 거실에 아무렇게나 책가방을 던져 놓고 식탁에 앉았다.

"엄마 요리하고 있잖니. 와서 식탁 차리는 것 좀 도와줄래?"

지환이는 엄마 부탁을 들은 척 만 척했다.

"우리 지환이 왔니?"

그때 방에서 할아버지가 나왔다. 군산에 사는 할아버지가 지환이네 집에 와 있었던 것이다.

"할아버지께 인사드려야지."

엄마가 얼른 지환이 어깨를 툭 쳤다.

"할아버지, 안녕하세요?"

지환이가 쭈뼛대며 인사했다.

"그래, 그새 지환이는 더 자란 것 같구나."

엄마가 다시 저녁을 준비하는 동안 지환이는 할아버지와 나란히 거실 소파에 앉았다. 지환이는 텔레비전을 틀고 리모컨을 계속 눌러 채널을 돌렸지만 마땅히 보고 싶은 프로그램이 없었다.

"지환아, 눈이 아프구나. 하나만 보면 안 되겠니?"

"그럼 할아버지 보고 싶은 거 보세요."

지환이가 할아버지 옆으로 리모컨을 툭 던졌다. 그 순간 할아버지 눈썹이 씰룩였다. 뭔가 언짢아 보였지만, 할아버지는 아무 말도 하지 않았다.

하지만 결국 식탁에서 할아버지가 한마디 했다. 지환이가 할아버지와 엄마가 앉기도 전에 먼저 수저를 들고 밥을 먹은 때였다.

"지환아, 웃어른이 먼저 수저를 들 때까지 기다려야지. 아직도 그 버릇을 못 고쳤구나."

"왜요? 배고픈 사람이 먼저 먹으면 안 돼요?"

지환이는 오히려 무엇이 문제인지 몰라서 되물었다.

"그게 예의니까. 여러 사람과 어울려 살려면 예의를 지켜야지."

할아버지가 엄하게 말했다. 엄마는 두 사람을 지켜보며 옆에서 어찌할지 몰라 안절부절못했다.

"할아버지 진짜 짜증 나."

지환이는 식사를 마치고 집에서 나와 엘리베이터를 타며 중얼거렸다. 할아버지는 잘해 줄 때도 많지만 따지는 것도 많았다. 특히 지나치게 예의를 강조했다.

"군산 영감 손자구나. 그래, 할아버지는 자주 오시니?"

7층에서 한 할아버지가 엘리베이터를 타면서 지환이에게 아는 척을 했다. 지환이는 누군지 알았지만 별로 대꾸하고 싶지 않았다.

"잘 몰라요."

7층 할아버지는 민망했는지 헛기침을 두어 번 하고 더 이상 말을 하지 않았다.

지환이는 과자 한 봉지를 사서 놀이터로 갔다. 그네에 앉아서 과자를 먹으려고 했더니 오늘따라 그네 쪽에 어린아이들이 모여서 놀고 있었다.

"야, 비켜! 형이 기분이 안 좋으니까 그네 좀 탈게."

"형이라도 차례를 지켜."

곱슬머리에 눈썹이 진한 아이 하나가 눈을 흘겼다.

"형한테 뭐라는 거야? 예의 좀 지키지?"

"형이나 지켜! 우리 동네에서 형이 젤 버릇없다는 거 다 알거든!"

지환이는 말문이 막혔다. 지환이보다 나이 어린 아이에게 예의 없다는 말을 들으니까 당황스러웠다.

왜 예의를 지켜야 할까?

 한국에서 살기 힘들어.

 무슨 일 있었어?

 할아버지도, 엄마도, 아빠도, 이젠 동네 꼬마까지 예의를 지키라고 하잖아.

 예의를 지키는 게 싫어?

 너무 답답해. 하고 싶은 대로 못 하잖아.

 그래서 예의가 필요한 거야.

 그게 무슨 말이야?

 모두 제멋대로 하면 어떻게 되겠니? 아마 사회가 뒤죽박죽되겠지. 서로 자기가 먼저 공손한 마음으로 순서를 지키면 평화로울 거야.

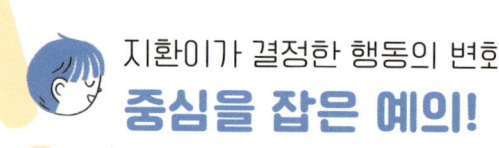

지환이가 결정한 행동의 변화
중심을 잡은 예의!

'순서를 지키는 게 예의라고?'

지환이는 가을이가 집으려던 북채를 자신이 가로챈 일이 떠올랐다. 순서를 지킨다면 가을이가 먼저 손을 뻗었으니 가을이가 먼저 집어야 했다. 할아버지와 식사를 할 때도 웃어른인 할아버지를 먼저 생각하지 않았다. 지환이는 가을이와 할아버지를 존중하지 않았음을 깨달았다.

할아버지가 볼일을 마치고 군산으로 돌아간 뒤, 아빠가 지환이를 불렀다.

"지환아, 할아버지나 동네 어른들께 공손하게 대하는 게 어렵니? 만나면 인사하고 묻는 말에 예의 바르게 대답하는 거 말이야."

"사실 좀 귀찮았어요. 하지만 예의가 함께 살아갈 때 꼭 필요하다는 것을 알았어요. 이번 주 일요일에 군산에 가면 안 돼요? 할아버지께 사과드리고 싶어요."

"정말이니? 아주 좋은 생각이야. 직접 뵙고 말씀드리자."

아빠가 기뻐하는 모습을 보자, 지환이는 마음이 한결 가벼워졌다.

태도 사전 >>

마음가짐과 몸가짐이 단단해지는 예의

예의는 식사할 때 웃어른이
먼저 시작할 때까지 기다리는 것

예의는 아는 웃어른을 보면
먼저 인사하는 것

예의는 줄을 설 때 차례를 지키는 것

예의는 모르는 사람에게
친절하게 대하는 것

좋은 태도가 습관이 되려면

더불어 살아가려면 예의를 지켜야 해

사람은 혼자 살 수 없어. 다양한 사람과 모여 살지. 그러다 보면 서로 갈등하고 충돌하는 일이 생길 수 있어. 이때 잘 어울려 살아가는 방법은 서로 간에 예의를 지키는 거야.

예의는 나이나 지위가 다르면 위아래의 순서를 지키고, 비슷하면 앞뒤의 순서를 지키는 거야. 가장 기본적인 예의는 인사야. 인사를 잘해야 예의 바른 사람이 될 수 있지. 나보다 나이나 지위가 위인 사람에게 인사할 때는 높임말을 쓰며 공손하게 대해야 해. 친구나 형제 등 나이나 지위가 비슷한 사람에게 인사할 때는 친근하게 대해야 하지. 이제부터 상대와 상황에 알맞게 예절을 지켜 보자.

실천1 감사, 축하, 사과 등 상황에 맞는 인사말을 사용하기

실천2 도서관, 공원, 대중교통 등 공공장소에서 지켜야 할 질서를 알고 지키기

실천3 친한 사이일수록 예의 지키기

말과 행동으로
예의 지키기

다음 상황에서 알맞은 예의 바른 말과 행동에 대해 써 보자.

★ 부모님과 함께 식사할 때

★ 친척 어른에게 선물을 받았을 때

★ 길을 가다가 누군가와 부딪쳤을 때

★ 친구가 상을 탔을 때

여섯 번째 태도

우정
친밀함과 불편함 사이
#친구와 진심을 나누는 태도

나리가 던지는 마음의 질문
우정은 무엇일까?

나리는 몇 시간째 휴대 전화 화면을 껐다 켰다 되풀이했다. 가을이에게 연락을 할지 말지 고민이 끊이지 않았다.

"나리야, 오늘 친구들이랑 쇼핑몰에 놀러 간다고 하지 않았니?"

"네. 12시에 만나서 점심 먹고 놀기로 했어요."

나리는 결국 가을이에게 문자를 보냈다.

'가을아, 오늘 12시에 다윤이랑 은채랑 쇼핑몰 가기로 했는데 같이 갈래?'

가을이에게 곧바로 답이 왔다.

'아니, 집에서 할 일이 있어.'

"내가 이럴 줄 알았어!"

나리는 입을 비죽 내밀었다. 가을이는 친구들과 왁자지껄하게 어울리는 것을 좋아하지 않았다. 웬만하면 집에서 놀기를 바랐다. 하지만 나리는 집에 있으면 심심하고 답답했다. 밖에서 친구들과 함께 수다를 떨거나 쇼핑을 하거나 떡볶이를 먹으러 가는 일이 훨씬 재미있고 신이 났다.

나리는 어느 순간부터 가을이와 자기 사이에 보이지 않는 벽이 있는 것처럼 느껴졌다. 벽 너머 가을이의 세계는 지나치게 조용하고 차분했다. 반면에 나리의 세계는 떠들썩하고 활동적이었다.

"가을이는 같이 안 왔어?"

다윤이가 먼저 약속 장소에 도착해서 나리를 맞았다.

"응. 집에서 할 일이 있대."

곧 은채도 와서 셋은 함께 쇼핑몰로 갔다.

"저기 들어가 보자."

은채가 팬시점으로 나리와 다윤이를 이끌었다.

"와, 여기 예쁜 거 많다."

나리가 아기자기한 다이어리와 스티커를 둘러보며 감탄했다.

"우리 같이 키링 사서 휴대 전화에 다는 건 어때?"

은채가 한쪽 벽에 걸린 귀여운 키링들을 가리켰다.

"좋아! 우정 키링 하면 되겠네."

다윤이가 복숭아 캐릭터 키링을 고르며 말했다.

"나리야, 너도 얼른 하나 골라."

"아, 그래……."

나리도 키링들을 둘러봤지만, 선뜻 손이 가지 않았다. 이미 나리의 휴대 전화에는 당근 모양의 키링이 대롱대롱 달려 있었다.

"이참에 바꿔. 오래된 거 같은데. 고리 부분이 다 벗겨졌네."

은채의 말에 나리는 자신의 휴대 전화를 들어 손때가 묻은 당근 키링을 물끄러미 바라봤다.

"그럼, 바꿀까?"

나리는 익살스러운 표정을 한 고양이 키링을 골랐다.

"엄마, 이거 어때요? 예쁘죠?"

나리가 새로 산 고양이 키링을 엄마한테 흔들어 보였다.

나를 만드는 열두 가지 태도

"오늘 친구들이랑 같이 가서 산 거야? 전에 건 어쩌고?"

"낡아서 바꿨어요."

"너, 설마. 그 당근 키링 버린 건 아니지?"

엄마는 절대 버려서는 안 된다는 투로 다그치듯 물었다.

"왜 버리면 안 돼요? 오래 썼으니까 버릴 수 있잖아요."

나리는 갑자기 욱하는 마음이 들어서 뾰족하게 대꾸했다. 당근 키링은 사실 가을이가 3학년 때 나리에게 생일 선물로 준 것이었다.

"가을이가 너 준다고 일주일을 공들여서 만든 거 잊었니? 너네는 어릴 때부터 제일 친했으면서."

"알아, 알아. 안 버렸어!"

나리는 자기 속도 모르고 엄마가 예전 이야기를 끄집어내는 것이 마음에 들지 않았다.

"엄마는 네가 우정을 가볍게 여기는 거 원치 않아."

엄마는 한마디 덧붙였다. 나리는 마음이 싱숭생숭해서 얼른 방으로 들어갔다.

고민 치유소

맞지 않는 친구와도 우정을 지켜야 할까?

한번 친구는 영원히 친구여야 해?

 친구랑 싸웠어?

그게 아니라 어렸을 때는 정말 친하게 지냈는데 어느 순간부터 서로 맞는 부분이 없어서 고민이야.

 당연히 그럴 수 있지. 커 가면서 성격이나 관심사나 취향 같은 게 달라지니까.

바로 그거야. 근데 엄마는 계속 친하게 지내래.

 취향이 달라도 친구로 지낼 수 있지. 서로 이해하는 마음이 중요해.

서로 다른데 어떻게 이해해?

 달라도 이해할 수 있어. 친구와 진심을 나누는 것이 우정이니까. 서로 멀어졌다고 생각할수록 우정을 지켜야 할 때도 있어.

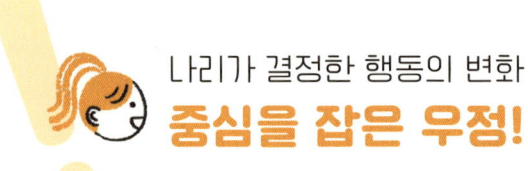

나리가 결정한 행동의 변화
중심을 잡은 우정!

'달라도 이해할 수 있다고?'

나리는 당근 키링을 만지작거리다 작은 상자를 열었다. 예전에 산 물건이나 기념품, 편지 따위의 잡동사니들을 넣어 두는 상자였다.

뚜껑을 열자마자 키링 모양과 같은 당근 캐릭터가 그려진 편지가 눈에 띄었다.

'나리야, 생일 축하해! 이번에 휴대 전화를 선물로 받는다고 했지? 널 위해 키링을 만들어 봤어. 마음에 들었으면 좋겠다.'

가을이가 나리에게 쓴 생일 편지였다. 상자 속에는 그동안 가을이가 보낸 편지들이 잔뜩 모여 있었다.

나리는 가을이와 벽을 만든 건 자기 자신이라는 생각이 들었다. 가을이는 편지처럼 가을이만의 방식으로 언제나 나리와 우정을 쌓아 왔던 것이다. 나리는 가을이와 함께 보낸 시간들이 새삼 소중하게 느껴졌다. 나리는 바로 가을이에게 전화를 걸었다.

"가을아, 다음 주 토요일에 오랜만에 너희 집에 놀러 가도 돼?"

가을이는 바로 답해 줬다.

"응, 놀러 와!"

태도 사전 >>

마음가짐과 몸가짐이 단단해지는 우정

우정은 대화를 나누며 함께 맞춰 가는 것

우정은 함께한 시간을 책임지는 것

우정은 서로 배울 점을 찾아 가는 것

우정은 기쁜 일이 있으면 함께 기뻐하는 것

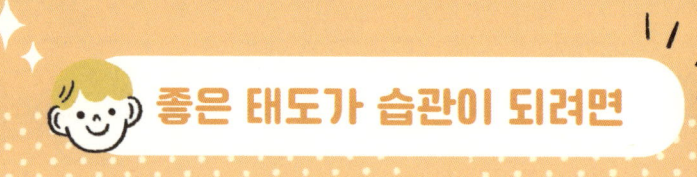

좋은 태도가 습관이 되려면

뿌리 깊은 **우정**은 흔들리지 않아

'진실한 우정이란 느리게 자라나는 나무와 같다'는 말이 있어. 우정을 키우고 가꾸는 데는 많은 시간과 노력이 든다는 뜻이야. 당장 마음이 맞고 즐거운 시간을 함께 보낸다고 우정이 쌓이는 것은 아니야. 좋은 일, 힘든 일, 슬픈 일 등을 함께 겪으며 서로의 다양한 면을 이해하고 받아들이게 되었을 때 진짜 우정이 생기지.

우정은 서로 믿는 마음에서 자라나. 서운한 일이 있더라도 사실을 정확히 알기 전에는 친구를 믿어야 해. 그리고 함께 보내는 시간이 늘어날수록 우정에 대한 책임감도 덩달아 커진다는 사실을 알아야 해. 서로 다른 점을 존중하고 이해하는 마음으로 우정을 지키기 위해 노력해 보자.

실천1 친구와 사이좋게 지내는 방법을 알고 행동하기
실천2 친구의 좋은 점을 칭찬하기
실천3 내가 친구에게 바라는 것을 먼저 해 주기

내 친구 소개하기

친한 친구에 대해 알고 있는 것들을 인물 카드로 만들어 보자.

★ 친구 얼굴을 그려 봐!

★ 이름

★ 별명

★ 특기

★ 좋아하는 것

★ 싫어하는 것

★ 친구에게 배울 점

일곱 번째 태도

공감

무관심과 동정심 사이

마음을 이해하고 감정을 공유하는 태도

다윤이가 던지는 마음의 질문
공감은 무엇일까?

"그러니까 누나가 친구가 없는 거야!"

동생 다빈이가 다윤이를 보고 혀를 내밀며 놀렸다. 다빈이는 다윤이에게 잔소리를 들을 때마다 대꾸할 말이 없으면 늘 저렇게 말하며 다윤이 속을 긁어 댔다.

"내가 친구가 없다고? 그럼 그 미니카 내놔."

다윤이는 다빈이가 손에 쥐고 있던 미니카를 빼앗으려고 했다. 미니카는 지난 일요일에 다윤이가 은채랑 나리랑 쇼핑몰에 놀러 갔다가 동생 선물로 사 온 것이었다. 다빈이가 깜짝 놀라 몸을 뒤로 빼며 엄마를 불렀다.

"엄마, 누나가 또 때리려고 해요!"

"어휴, 둘이 또 싸우니?"

엄마가 한숨을 쉬며 둘에게 다가왔다.

"누나가 먼저 나한테 머리 나쁘다고 그랬어요!"

다빈이가 엄마 팔을 잡고 자기편을 들어 달라며 생떼를 부렸다.

"받아쓰기 30점 맞았으니까 그렇지! 머리 나쁜 사람한테 머리 나쁘다고 말한 게 뭐가 문제야? 사실을 말한 건데! 넌 나한테 친구가

나를 만드는 열두 가지 태도   75

없다고 했잖아."

다윤이는 어이가 없었다.

"둘 다 그만. 다윤이가 먼저 심하게 말한 거 맞고, 다빈이도 누나 자존심 긁은 것도 맞아. 둘이 서로 사과해."

엄마가 다윤이와 다빈이 손을 잡아끌며 악수를 시키려고 했다.

"다빈이가 잘못했는데 왜 제가 사과해요?"

다윤이는 엄마 손을 뿌리치고는 방으로 들어가 버렸다.

잠시 뒤 엄마가 간식을 들고 다윤이 방문을 열었다. 다윤이는 그새 감정을 추슬렀는지 차분히 책을 읽고 있었다.

"어?『플랜더스의 개』? 어렸을 때 읽고 많이 울었는데."

엄마가 다윤이 옆에 간식을 내려놓으며 말했다.

"왜요?"

"왜라니? 슬프니까 울었지."

"전 슬프지 않아요. 두 번째 읽고 있는데 주인공이 이해가 안 가요. 힘들면 주변 사람들한테 도와 달라고 하면 되잖아요. 억지로 눈물을 짜는 거 같아요. 내용이 촌스러워요."

"뭐, 의견은 자유니까. 내가 할 말이 없네."

엄마는 어깨를 으쓱하고는 웃고 말았다. 다윤이는 내일 책교실 수업에서 주인공이 너무 답답하게 행동했다는 점과 책 내용이 너무 감정적이라는 점을 꼭 지적하기로 했다.

"자, 오늘 『플랜더스의 개』는 다 읽어 왔지? 근데 지난주에 빌린 책을 아직 반납 안 한 사람이 있더라. 제때 반납해야 다른 사람도 읽겠지?"

책교실 선생님이 무영이를 보며 말했다. 무영이는 슬쩍 고개를 돌렸다. 다윤이는 그런 무영이를 한심하게 쳐다봤다.

"그럼 전체적인 감상부터 말해 볼

까? 누가 먼저 얘기할래?"

선생님이 아이들을 둘러보며 물었다. 희진이가 먼저 손을 들었다.

"주인공과 개의 우정에 공감하다 보니까 우리 집 개 뭉치가 생각났어요. 뭉치가 지난달에 무지개다리를 건넜거든요, 흑흑."

희진이는 말을 하다가 갑자기 눈물을 흘렸다. 아이들 모두 당황했다. 그때 은채가 가방에서 휴지를 꺼내 희진이에게 건넸다.

"세상에, 진짜 슬펐겠구나."

선생님도 희진이를 위로했다. 아이들도 차례차례 희진이 등을 토닥이며 위로해 줬다.

하지만 다윤이는 지금 일어나는 일이 못마땅했다. 수업 시작부터 분위기가 어수선해지면 토론이 흐지부지될 것 같았다.

"선생님, 전 주인공이 답답하게 느껴졌어요. 그리고 작가가 너무 동정심을 유발하며 쓴 것 같아요."

다윤이는 다시 토론 분위기를 만들려고 차분하게 말했다.

"공감 능력 제로."

누군가가 다윤이를 두고 이렇게 속삭였다. 다윤이는 고개를 휙 돌렸다. 하지만 어떤 아이가 말했는지는 알 수 없었다.

공감 능력이 꼭 필요할까?

 누가 슬퍼하면 나도 무조건 슬퍼해야 해?

 세상에 '무조건'은 없어.

 그렇지? 근데 『플랜더스의 개』를 읽고 토론하는데 한 친구가 자기 개가 죽었다며 우는 거야.

 감정이 북받쳤나 보네. 그 친구 입장에서 다시 한번 생각해 봐.

 꼭 그래야 해?

 여러 사람 입장을 이해하면 사람들과 관계를 맺는 데 아주 도움이 되거든.

 그럼, 어떻게 해야 할까?

 다른 사람의 눈으로 세상을 봐 볼래? 마음을 이해하고 감정을 공유하면서 공감해 봐.

다윤이가 결정한 행동의 변화
중심을 잡은 공감!

"누나, 이것 좀 가르쳐 줘."

다빈이가 수학 문제집을 들고 다윤이 방으로 들어왔다. 다빈이는 모르는 문제가 나오면 엄마보다 다윤이를 먼저 찾았다.

다윤이가 보니 단순한 덧셈 문제였다.

"어휴, 이렇게 쉬운 것도 모……."

다빈이 어깨가 살짝 움츠러드는 것을 보면서 다윤이는 말끝을 흐렸다. 그 순간 다윤이는 덧셈과 뺄셈을 처음 배웠던 때가 떠올랐다. 다윤이도 똑같은 문제를 여러 번 틀렸던 기억이 났다. 그때 답답하고 속상했던 마음도 생각났다.

"누나도 처음에는 이런 문제를 어려워했던 것 같아."

"정말?"

다빈이 얼굴이 환해졌다.

"그러니까 천천히 생각하면서 문제를 풀어야 해."

"응."

다윤이는 다빈이가 자기 설명에 따라 문제를 풀어 가는 모습을 지켜보니 뿌듯했다.

태도 사전 >>

마음가짐과 몸가짐이 단단해지는

공감은 슬퍼하는 친구를 위로해 주는 것

공감은 감정과 경험을 공유하는 것

공감은 표정을 살피며
마음을 읽어 보는 것

공감은 상대방의 말에
귀 기울여 주는 것

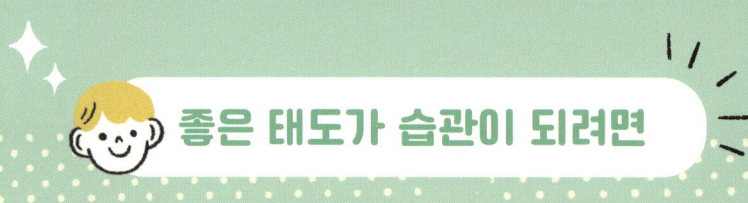 좋은 태도가 습관이 되려면

좋은 관계는 **공감**에서부터

'기쁨은 나누면 배가 되고 슬픔은 나누면 반이 된다'는 말이 있어. 이 말처럼 누군가 내 기분을 알아주면서 함께 기뻐해 주고 함께 슬퍼해 주면 어떨 것 같니? 분명 고맙고 행복한 마음이 들 거야. 이렇듯 서로를 공감해 주면 상처받는 일이나 다툼이 줄어들고, 분명 좋은 관계를 맺게 될 거야.

상대방의 마음에 공감하려면 상대방과 같은 입장에서 바라봐야 해. 어떤 의도도 없이 열린 마음으로 상대방의 감정을 있는 그대로 느껴 보는 거야. 그리고 그 사람의 말을 주의 깊게 들어 봐. 상대방의 생각과 경험을 상상해 보면서 상대방을 한층 깊이 이해해 보는 거야.

실천1 친구를 사귈 때 공통점을 먼저 찾아보기
실천2 다양한 사람을 만나고 다양한 경험을 해 보기
실천3 나의 경험과 추측만으로 다른 사람을 판단하지 않기

공감하는 대화 나누기

다음 상황에 처한 친구가 하는 말에 어떻게 이야기해 주면 좋을지 생각해 보자.

★ 시험 결과가 좋지 않아서 속상한 친구
"시험을 망쳤어. 분명 부모님한테 혼날 거야."

★ 반려동물이 세상을 떠나서 슬픈 친구
"이제 뭉치를 볼 수 없다니 너무 슬퍼."

★ 친한 사람과 싸워서 화가 난 친구
"내가 뭘 잘못했는지 모르겠어."

여덟 번째 태도

배려

자기중심과 타인 중심 사이
다른 사람을 챙기고 돌보는 태도

무영이가 던지는 마음의 질문
배려는 무엇일까?

무영이는 빈손으로 도서관을 나왔다.

"반납일 연체되면 그 기간만큼 책을 빌릴 수 없어."

책교실 선생님이 책을 반납하라고 했을 때 바로 반납했으면 됐을 텐데, 그러고도 5일이나 지나서 무영이는 다음 주 월요일까지 수업에 필요한 책을 빌릴 수 없었다.

"그냥 엄마한테 사 달라고 해야겠다."

무영이는 서둘러 집으로 갔다.

엄마는 거실에서 빨래를 개고 있었다. 그러다가 무영이가 온 것을 보고는 양말 뭉치를 쓱 내밀었다.

"이무영, 너 이거 엄마가 몇 번을 말해? 양말을 벗은 그대로 돌돌 말려서 세탁기에 넣으면 어떡해? 잘 펴서 넣으라고 했잖아."

"빨래하기 전에 엄마가 확인하면 되잖아요."

"왜 엄마한테 일을 두 번 시키니? 엄마 배려해서 처음부터 잘 펴서 넣으면 좋잖니."

무영이는 양말 뭉치를 건네받고 하나씩 펴서 다시 접었다. 잘 안 빨려서 그런지 시큼한 냄새가 났다.

나를 만드는 열두 가지 태도

"아, 배고파요. 어제 케이크 먹다 남은 거 있죠?"

"좀 있다 아빠 퇴근하면 할머니, 할아버지 모시고 갈비 먹으러 가니까 참는 게 어때?"

"조금만 먹을게요."

무영이는 냉장고에서 반쯤 남은 케이크를 꺼냈다. 그리고 포크를 가져와 덜어 먹지 않고 케이크 이곳저곳을 떠먹었다.

"무영아, 이게 뭐니?"

엄마가 식탁 위에 널브러진 케이크와 포크를 보고 기겁을 하며 무영이를 불렀다.

"다 먹었으면 냉장고에 넣어 둬야지."

"깜빡했어요."

무영이가 게임을 하며 건성으로 대꾸했다.

"게다가 먹을 만큼만 잘라 먹지 않고 포크로 지저분하게 먹으면 다른 가족이 어떻게 먹겠니? 어쩜 이렇게 배려가 없어?"

무영이는 얼굴을 찌푸렸다. 엄마 잔소리가 또 시작된 것 같았다. 내용은 언제나 똑같았다. 왜 그렇게 다른 사람 생각을 안 하냐는 것이었다. 무영이는 듣는 둥 마는 둥 하며 게임에 몰두했다.

그사이 저녁 시간이 다 되었다. 할머니와 할아버지를 모시고 바로 식당으로 간다고 아빠한테 연락이 왔다. 엄마와 무영이는 함께 마을버스를 타고 식당으로 갔다.

아빠와 할머니, 할아버지는 식당에 이미 와서 자리를 잡고 앉아 있었다.

무영이는 자리에 앉기도 전에 얼른 음료수를 가지러 갔다. 이 식당은 음료수가 셀프서비스였고, 무영이는 사이다와 갈비를 함께 먹는 것을 좋아했다.

음료수 코너에 가 보니 한 어린아이가 먼저 와 있었다. 그런데 키가 작아서 까치발을 하고도 버튼을 누르지 못해 낑낑대고 있었다.

무영이는 그 모습이 짜증 났다. 어린아이가 포기하지 않고 계속 버티고 서 있었기 때문이다.

"안 되면 비켜. 뒤에 기다리는 사람 생각도 해야지."

어린아이가 고개를 돌려 무영이를 봤다. 마치 도와 달라는 눈빛으로 무영이를 쳐다보는 것 같았다. 하지만 무영이는 모른 척하고 자기 컵에 사이다를 듬뿍 담아 자리로 돌아갔다.

"저, 배불러요. 다 먹었으니까 놀이방에 가서 게임 해도 돼요?"

무영이가 불룩 나온 배를 쓰다듬으며 말했다.

"다녀오렴. 그럼 우리는 여유 있게 천천히 먹어요."

엄마 허락을 받자마자 무영이는 냅다 놀이방으로 갔다. 다행히 아이들이 별로 없어서 게임기에 빈자리가 있었다.

게임 하느라 몰랐는데, 그사이 무영이 뒤로 아이들이 줄지어 서 있었다. 하지만 무영이는 자리를 비켜 줄 생각이 전혀 없었다.

그때 바로 뒤에 선 아이가 무영이 등을 툭툭 두드렸다.

"30분 넘게 혼자 했으면 그만하지? 뒷사람도 배려해야지."

무영이가 고개를 돌려 보니 자신보다 몸집이 두 배나 큰 아이가 노려보고 있었다. 무영이는 주춤 일어섰다. 하지만 자기가 먼저 자리를 잡았고 게임 시간도 정해져 있지 않은데 왜 양보해야 하는지 이해할 수 없었다.

왜 배려를 해야 할까?

어이없네, 자기들 것도 아니면서!

 무슨 일이야?

식당 놀이방에서 게임 하는데 뒤에 있던 애가 나보고 배려가 없대. 내가 남 눈치를 봐야 해?

 물론 다른 사람에게 무조건 맞출 필요는 없지만, 내 생각만 해서도 안 되지.

먼저 차지하는 사람이 임자지!

 입장을 바꿔서 생각해 봐. 만약 네가 기다리는 쪽이었다면 어땠을 것 같아?

음……, 짜증 날 것 같아.

 내가 대우받고 싶은 만큼 다른 사람도 배려해 볼래? 서로 챙기고 돌보면 모두가 기분이 좋을 거야.

무영이가 결정한 행동의 변화
중심을 잡은 배려!

집에 돌아온 무영이는 케이크가 전부 쓰레기통에 버려진 것을 봤다. 마음이 편하지 않았다. 케이크를 먹을 다른 누군가를 생각하지 않고 너무 자기만 생각하고 행동한 것 같았다.

"맞다, 엄마! 책교실 수업에서 읽을 책 못 빌려서 사야 해요."

무영이는 이 사실을 깜빡하고 있었다.

"이제 말하면 어떡해? 오늘은 너무 늦었고 내일 가야겠네."

"죄송해요."

무영이는 엄마를 또 번거롭게 한 것 같아 미안했다.

"저 학교 끝나고 같이 가요."

다음 날 무영이는 엄마와 오랜만에 서점에 갔다. 서점은 쇼핑몰 지하에 있었다. 엄마가 먼저 유리문을 열고 들어가고 무영이도 들어가려는데, 바로 뒤에 어린아이가 따라 들어오는 것이 보였다. 무영이는 아이가 다칠까 봐 유리문이 닫히지 않게 잡아 줬다.

"어머, 고마워라. 형이 아주 멋지네."

어린아이와 손을 잡고 들어온 아주머니가 활짝 웃으며 칭찬했다. 무영이는 괜히 쑥스러우면서도 기분이 좋았다.

태도 사전 >>

마음가짐과 몸가짐이 단단해지는 배려

배려는 필요한 것을 알아 주는 것

배려는 뒷사람을 생각해 주는 것

배려는 불편한 상황을 편하게 해 주는 것

배려는 도움을 받았을 때 고맙다고 말하는 것

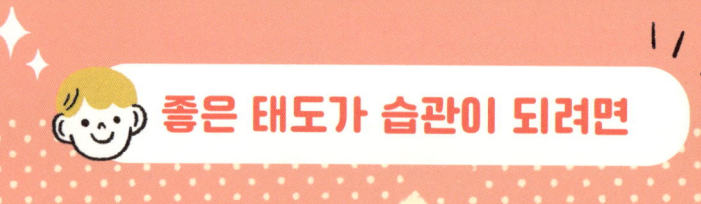

좋은 태도가 습관이 되려면

나를 배려하듯 남을 배려하자

「여우와 두루미」이야기 아니? 입 모양이 다른 여우와 두루미가 서로를 초대해 놓고 자신이 먹기 편한 그릇에 음식을 내놓아 결국 상대방이 먹지 못했다는 이야기야. 여우와 두루미처럼 서로를 배려하지 않으면 갈등이 더 심해질 거야.

배려는 사람과 사람이 만날 때 기본적으로 갖춰야 하는 태도야. 평소 자기 자신을 생각하는 것처럼 다른 사람을 생각하는 마음을 갖고 행동 하나하나에 주의를 기울여 보자. 내가 원하지 않는 일은 남에게 시키지 말고, 남에게 대우받고자 하는 만큼 남에게 베푸는 거지. 배려를 주고받으면 마음이 따뜻해지고 행복한 마음이 들 거야.

실천1 내가 듣기 싫은 말은 다른 사람에게도 하지 않기
실천2 대중교통을 이용할 때 몸이 불편한 사람에게 자리 양보하기
실천3 상대방이 배려해 줬을 때 고마운 마음 갖기

배려 있는 행동으로 바꾸기

다음 상황에서 상대방은 어떻게 느낄까?
배려 있게 행동하려면 어떻게 해야 할지 생각해 보자.

★ 여럿이 식사할 때, 맛있는 음식을 자기 접시에 잔뜩 덜어서 먹으면 어떻게 될까?

상대방의 속마음 :
배려 있는 행동으로 바꾸기 :

★ 친구들과 토론할 때, 다른 친구의 말을 듣지 않고 혼자 말하면 어떻게 될까?

상대방의 속마음 :
배려 있는 행동으로 바꾸기 :

★ 친구가 더디다고 느낄 때, 친구의 생각을 물어보지 않고 도와주면 어떻게 될까?

상대방의 속마음 :
배려 있는 행동으로 바꾸기 :

3장 정의로운 나를 만드는 태도

균형 있게 사회와 어울리기

누구나 무엇이 옳고 무엇이 그른지 고민해 봤을 거야.
함께 살아가려면 내가 해야 할 일은 무엇일까?
내가 세상을 아름답게 바꿀 수 있을까?

아홉 번째 태도

책임

자율과 의무 사이
#주인답게 실천하는 태도

지오가 던지는 마음의 질문
책임은 무엇일까?

 지오네 집에 이모들과 사촌 무영이가 모두 모였다. 세 자매 중 첫째인 지오의 엄마가 제주도 여행에서 사 온 특산물을 나눠 준다고 모두 모이라고 한 것이다.
 "떡이랑 빵, 이번엔 쿠키도 있네. 무영아, 하나 먹어 볼래?"
 둘째 이모가 쿠키를 하나 꺼내 자기 아들인 무영이에게 줬다. 지오와 무영이는 같은 나이였다. 학교는 다르지만, 어린이도서관 책교실 수업을 같이 다녔다.
 "큰언니, 어땠어? 이번에도 친구들이랑 갔다며? 지오야, 네 엄마가 가족 말고 친구들이랑 여행 다니는데 넌 괜찮아?"
 막내 이모가 갑자기 지오에게 물었다.
 "엄마 인생이니까 엄마 마음이죠."
 지오는 어깨를 가볍게 으쓱했다.
 "연정아, 너는 무슨 말을 그렇게 하니? 엄마는 자기 시간 가지면 안 돼?"
 엄마가 발끈하며 막내 이모에게 따져 물었다.
 "연정이가 언니 부러워서 그런 거지. 언니랑 나는 지오랑 무영이가 다 커서 손이 덜 가지만 연정이는 준오가 이제 네 살이잖아."

둘째 이모가 엄마와 막내 이모를 말렸다. 하지만 막내 이모는 멈추지 않고 서운했던 일을 또 끄집어냈다.

"큰언니는 옛날부터 그랬어. 엄마가 동생들 돌보라고 맡겨도 맨날 말 안 듣고 친구들 만나러 나갔잖아. 그때마다 작은언니랑 나랑 얼마나 무서웠는지 알아?"

"얘 봐라. 첫째라고 꼭 동생들을 돌봐야 하는 법이 있니? 우리나라는 첫째한테 너무 많은 부담을 줘."

엄마와 막내 이모가 말다툼을 하자 지오는 눈치를 보기 시작했다. 지오는 평소 엄마 성격이 불같다는 것을 알기 때문에 막내 이모가 그만하기를 바랐다.

그때 무영이가 지오에게 뜬금없이 말을 건넸다. 무영이도 싸움을 멈추고 싶었던 것 같았다.

"지오야! 너희 학교에서 이번에 환경 관련해서 뭔가 한다면서?"

"아, 그거. 교장 선생님이 새로 오셨는데 '환경 모범 학교'를 만든다면서 아침마다 거리에 버려진 쓰레기를 줍고 있어."

지오는 환경 보호 활동이 내키지 않아서 눈살을 찌푸렸다.

솔직히 지오는 자신이 버린 쓰레기도 아닌데 왜 자신이 주워야 하는지 이해가 되지 않았다. 게다가 거리 청소는 환경미화원들이 맡아서 하는 일인데 왜 학생들이 그 일을 해야 하는지도 납득이 가지 않았다. 그런데 담임 선생님은 지난주에 또 다른 활동을 추가했다.

"자, 교장 선생님이 직접 만드신 환경 노트야. 한 권씩 나눠 줄 테니까 여기에 환경과 관련한 일들을 기록해서 제출하면 돼. 나중에 환경상을 줄 거야. 나는 우리 반이 환경 우수반이 됐으면 좋겠어."

"선생님!"

선생님 말이 끝나기 무섭게 지오가 손을 번쩍 들었다. 노트를 훑어보다가 궁금한 점이 생겼기 때문이다.

"여기 환경 보호 실천 목록은 뭐예요?"

"말 그대로 환경 보호를 실천한 일들을 날짜별로 적는 거야. 학교에서 진행하고 있는 월요일과 수요일 거리 쓰레기 줍기 활동뿐만 아니라 재활용, 쓰레기 분리수거 배출, 공정 소비 등 어떤 일을 써도 좋아."

"꼭 해야 해요?"

지오는 결국 하고 싶었던 질문을 했다.

"전혀 예상하지 못한 질문인데. 지오는 안 하고 싶니?"

"네. 그냥 할 사람은 하고 안 할 사람은 안 하면 안 돼요? 자율에 맡겼으면 좋겠어요."

선생님은 잠시 고민하다가 다시 이야기를 꺼냈다.

"지오 네 마음은 충분히 이해해. 하지만 환경을 보호하는 일은 모두가 함께 책임져야 할 일이니까 남의 일이라고 생각하지 않았으면 좋겠어."

지오는 환경 노트를 작성할 생각에 마음이 답답해졌다. 선생님이 정확히 자율이라고 말하지 않아서 안 해도 되는 건지 판단하기가 어려웠다. 지오는 여전히 자신이 하지도 않은 일까지 책임져야 하는지 의문이 들었다.

내가 한 일도 아닌데
왜 책임을 져야 할까?

쓰레기를 버린 사람이 그 쓰레기를 줍는 게 맞지 않아?

 글쎄, 생각하기에 따라 다를 것 같아.

그럼 버리지 않았는데도 주워야 한단 말이야?

 네 방에서 사촌이 과자 부스러기를 흘린 채 치우지 않고 집으로 갔어. 그럼 너는 사촌한테 전화해서 치우러 오라고 말할 거야?

뭘 그래? 내 방이니까 내가 치우지.

 쓰레기도 그런 것 같아. 내가 지구의 주인이라 생각하고 내 방을 치우듯 쓰레기를 주우면 어떨까?

주인이라고?

 주인답게 실천하는 태도, 이게 책임이야.
'나의 무엇'이라고 생각하면 책임감이 절로 생길 거야.

지오가 결정한 행동의 변화
중심을 잡은 책임!

"엄마, 물어볼 게 있어요. 엄마는 이모들을 보면 '나의 동생들'이라는 생각이 들어요?"

지오가 여느 때보다 눈빛을 반짝거리며 물었다.

"들긴 들지. 실제로 내 동생들이니까."

엄마는 잠시 곰곰이 생각해 보더니 다시 말문을 열었다.

"그런데 사실 그런 마음이 크지는 않은 것 같아."

"엄마, 혹시 그래서 동생들에 대한 책임감도 덜한 걸까요?"

"설마 내가 큰언니 노릇을 못했다고 말하는 거니?"

엄마가 화난 척하며 장난스럽게 지오에게 물었다.

"그건 아니에요. 어떨 때 책임감이라는 마음이 들까 생각해 봤어요. 이제부터는 '나의 지구'를 위해 쓰레기 줍는 일을 즐겁게 해 보려고요."

다음 날 지오는 아침 일찍 비닐봉지를 챙겨서 학교 가는 길에 보이는 쓰레기를 주워 담았다. 이 거리가 내 방이라고 생각하니 쓰레기를 가만두고 볼 수 없었다.

태도 사전 >>

마음가짐과 몸가짐이 단단해지는 **책임**

책임은 내 역할에 최선을 다하는 것

책임은 지구의 환경을
내 방을 가꾸듯 돌보는 것

책임은 약속한 말을 꼭 지키는 것

책임은 누군가에게 피해를 끼치면
사과하고 최대한 보상하는 것

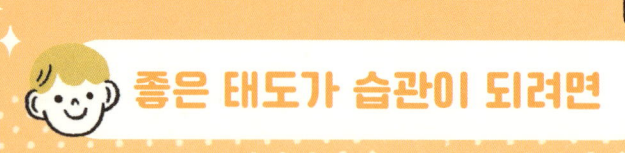

좋은 태도가 습관이 되려면

나의 일을 **책임**감 있게

혹시 인터넷에 남을 헐뜯는 댓글을 올린 적 있니? 만약 그 댓글 때문에 문제가 생겼다면 어떻게 해야 할까? 그 댓글은 내가 쓴 '나의 댓글'이기 때문에 책임을 져야 해. 진심으로 용서를 구하고, 벌을 준다면 벌을 받아야지.

책임은 나에게 주어진 일을 내가 할 일로 받아들이는 태도야. 우리는 다양한 역할을 가지고 있고, 각각의 역할에 따른 책임이 있어. 가족의 구성원으로서, 사회의 시민으로서, 나라의 국민으로서, 나아가 지구의 세계 시민으로서 말이야. 책임감이 필요한 일을 '나의 일'이라고 여기며 담담히 실천해 보자.

실천1 학생으로서 성실하게 공부하기
실천2 시키지 않아도 자기 일을 스스로 하기
실천3 '네 탓이야!'라고 하지 말고 함께 해결 방법 찾기

나의 역할과 책임감 알아보기

다음 각 역할에 따른 책임에는 어떤 것들이 있는지 써 보자.

★ 가족의 구성원으로서의 책임
  예) 내 방 청소하기

★ 우리 반의 학생으로서의 책임
  예) 학급 물건 소중히 다루기

★ 사회의 시민으로서의 책임
  예) 집 앞 눈 치우기

★ 지구의 세계 시민으로서의 책임
  예) 에너지 아껴 쓰기

열 번째 태도

포용
무조건 거부와 이기적 감싸기 사이
#다름과 부족함을 너그럽게 받아들이는 태도

누리가 던지는 마음의 질문
포용은 무엇일까?

누리는 반 친구들이 하나같이 마음에 들지 않았다. 쉬는 시간만 되면 듣고 싶지 않은 이야기들을 여기저기서 억지로 들어야 했기 때문이다.

"이번에 '포스타' 신곡 나온 거 들었어?"

"당연히 들었지. 진짜 멋져! 뮤직비디오는 봤어?"

"난 '투아이'가 더 좋더라. 인기도 많잖아."

한쪽에서는 포스타라는 남자 그룹 가수에 빠져 있었고, 다른 쪽에서는 투아이라는 여자 그룹 가수 이야기가 끊이지 않았다.

"너희들 그만 좀 해. 연예인 말고는 할 얘기가 그렇게 없니?"

누리는 종종 성을 내 봤지만, 반 친구들은 오히려 누리를 이상하게 봤다.

"누리야, 너는 너무 고리타분하고 고지식해. 너도 인기 있는 노래 좀 듣고 그래. 얼마나 신나고 좋은데!"

준서가 누리 어깨를 툭 치며 장난스럽게 말했다. 하지만 누리는 준서의 이런 가벼운 태도가 마음에 들지 않았다.

누리는 학교가 끝나고 도서관에 갔다. 아이들과 시시껄렁한 이야기를 나누는 것보다 책을 읽는 것이 훨씬 쓸모 있게 느껴졌다.

"기계가 고장 났나?"

누리가 도서관 입구로 들어가려는데 한 할아버지가 무인 자동 반납기 앞에서 서성이고 있었다.

'사용 방법을 모르면 안에 들어가서 반납하시지.'

누리는 할아버지가 답답하게 느껴졌다.

그때 할아버지 옆으로 한 아이가 다가왔다.

"할아버지, 뭐가 잘 안 되세요?"

누리네 반 반장 승유였다.

"책을 반납하려고 하는데 기계가 고장 났나 봐."

"제가 한번 해 볼게요."

승유는 할아버지에게 책을 건네받은 뒤 반납기 아랫부분에 책을 갖다 댔다. 바코드를 읽히자 상자가 열렸고 그 안으로 책을 집어넣었다.

"아, 요기에 책을 대야 열리는구나."

"네. 처음엔 저도 헷갈리더라고요."

"고맙다. 덕분에 하나 배웠구나."

할아버지는 흐뭇하게 미소를 지으며 돌아갔다. 도서관에 들어가려던 승유가 누리를 알아보고는

먼저 말을 걸었다.

"누리야, 너도 책 빌리러 온 거야?"

"응. 근데 할아버지들이나 할머니들은 정말 이해할 수 없어. 모르면 하시지 말지 왜 꼭 하시려는 걸까? 그러다 진짜로 기계가 고장 나면 어쩌려고! '노약자 금지'라고 써 놔야 하나."

"말이 좀 심하다. 잘 아는 사람이 도와드리면 되지."

"나는 별로."

누리는 못마땅한 얼굴로 도서관 안으로 들어갔다.

"엄마! 왜 밖에 계세요?"

도서관에서 책을 빌리고 나온 누리는 집으로 가던 길에 엄마를 만났다. 엄마는 친한 후배인 지연이 아주머니와 함께 유아차를 끌고 카페 앞에 서 있었다.

누리가 알기로 지연이 아주머니는 작년에 아기를 낳았다. 오늘은 아기와 지연이 아주머니가 함께하는 첫 외출인데, 빈자리가 많은 카페를 두고 왜 서 있기만 한 것인지 의아했다.

"갓난아기가 있다고 출입 금지래."

"네? 왜요?"

엄마의 말에 누리는 어리둥절했다.

"갓난아기는 다른 손님들이 불편해한다는구나."

"이거 완전 차별 아니에요? 진짜 너무하네."

누리는 가만있을 수 없어서 혼자 카페로 들어가 주인아저씨에게 따졌다.

"여기 갓난아기 들어오면 왜 안 돼요?"

"손님들이 싫어해. 아기는 잘 울고 기저귀도 갈고 해야 하니까."

"너무한 것 같아요. 그거 하나 못 받아들여요?"

"나도 그렇게 생각하는데, 손님들이 요구하니까. 장사하려면 어쩔 수가 없네. 요새 다들 포용하는 마음이 부족한 것 같아. 학생은 그러지 말아."

누리는 갑자기 속으로 뜨끔했다. 방금 전 도서관에서 자동 반납기 같은 무인 정보 단말기를 사용하지 못하는 노약자는 금지해야 한다고 말했던 것이 생각났다. 차별하지 말라고 따지러 왔는데, 자신도 똑같은 사람인 것 같아 얼굴이 확 달아올랐다.

무엇을 왜 포용해야 할까?

 머릿속이 뒤죽박죽이야.

 뭐가?

 노약자한테 무인 정보 단말기 사용을 금지하는 거랑 가게에 갓난아기 출입을 금지하는 거랑 둘 다 똑같이 불합리한 걸까?

 그렇다고 볼 수 있지. 둘 다 존중하지 않는 거니까.

 자꾸 내 중심으로 생각하려 하고, 거기서 벗어나면 무조건 거부감이 들어.

 마음을 좀 더 넓게 열어 봐. 다름과 부족함을 너그럽게 받아들여야지. 포용하는 태도가 필요해.

 왜 그래야 해?

 너도 누군가에게는 다르고 부족한 점이 있을 테니까. 서로 포용해야 사회가 평화로워지지.

누리가 결정한 행동의 변화
중심을 잡은 포용!

누리가 어린이도서관 책교실 수업에 들어갔을 때 희진이가 혼자 너튜브 영상을 보고 있었다.

"포스타 뮤직비디오인데 이번에 컴백했거든. 같이 볼래?"

누리는 친구 희진이가 아이돌 가수를 좋아한다는 사실에 놀랐다. 희진이는 평소 조용하고 어른스러운 성격이라서 누리처럼 책만 볼 것이라 생각했기 때문이다. 누리는 마음을 열고 함께 포스타의 영상을 봤다. 생각보다 음악도 좋고 가수들도 멋져 보였다.

책교실 수업이 시작되자 선생님과 함께 까만 피부의 아이가 긴장한 얼굴로 따라 들어왔다. 아이들 눈이 동시에 휘둥그레졌다.

"수단에서 온 카밀라야. 어머니가 한국 사람이라 한국말을 하기는 하지만 부족한 부분이 있을 테니까 너희들이 많이 도와주렴. 누가 대표로 나와서 환영의 포옹이나 악수를 해 주면 좋겠구나."

누리가 먼저 나서서 앞으로 나갔다. 누리는 카밀라와 마주 보고 빙그레 웃으며 손을 내밀었다.

"반가워. 앞으로 잘 지내보자."

카밀라도 그제야 긴장이 풀렸는지 수줍게 미소를 띠었다.

좋은 태도가 습관이 되려면

모든 생명을 **포용**하는 땅처럼

땅에는 다양한 식물부터 동물까지 그 종류와 수를 헤아릴 수 없을 정도로 많은 생물들이 살고 있어. 땅은 어느 것 하나 차별 없이 받아들이고 모든 생물들이 살 수 있는 환경을 제공하지.

포용은 땅과 같은 마음이야. 서로 다르고 부족해도 배척하지 않고 받아들이는 거지. 여기서 중요한 점은, 무조건 거부해서도 안 되지만 내 기준에 맞는 것만 감싸는 것도 이기적인 행동이라는 거야. 나와 생각이 다르거나 종교나 문화가 다른 사람, 나와 피부색이나 민족이 다른 사람, 나와 나이가 다르고 경험이 다른 사람 등을 만났을 때 옳다 그르다 판단하지 말고 따뜻한 마음으로 있는 그대로 받아들여 보자.

실천1 내 기준으로 친구를 구분하지 않기
실천2 객관적인 시각으로 기사를 보도록 노력하기
실천3 다른 나라의 문화를 체험해 보기

포용하는 마음 기르기

다음 상황일 때 어떻게 포용하면 좋을까?

★ 우리 반 축구단을 꾸렸는데, 축구를 못하는 친구가 있다면 어떻게 해야 할까?

★ 내 오른쪽에 앉은 짝꿍이 왼손잡이라서 글씨를 쓸 때 자꾸 부딪친다면 어떻게 해야 할까?

★ 피부색도 다르고 문화가 다른 친구가 전학을 왔다면 어떻게 해야 할까?

열한 번째 태도

공정

똑같게와 다르게 사이

같은 기회 속에서 치우치지 않는 태도

승유가 던지는 마음의 질문
공정은 무엇일까?

　승유는 2학년 때부터 한 번도 빠짐없이 반장을 했다. 승유는 스스로도 반장 자격이 충분하다고 생각했다. 친구들과 선생님 모두에게 신뢰를 얻기 위해 모범적으로 행동하려고 노력했기 때문이다.

　5학년이 돼서도 승유는 절반이 넘는 표를 얻어 반장이 됐다. 이번에도 승유는 반장으로서 잘할 자신이 있었다. 그러나 일주일이 채 되기도 전에 힘든 상황에 맞닥뜨렸다.

　"선생님께서 오늘은 20번부터 24번까지 교실 청소하라고 하셨어. 이 번호는 다 남아 줘."

　승유는 반 아이들 앞에서 선생님의 전달 사항을 크게 말했다. 그런데 다섯 명 중 세 명이나 빠졌다. 재준이와 준서, 지환이었다. 재준이는 피아노 수업이 있다고 미리 말한 뒤에 빠졌지만, 준서와 지환이는 말도 없이 집에 가 버린 것이었다. 승유는 두 아이가 전화를 받지 않자 이 사실을 선생님한테 그대로 전했다. 선생님은 다음 날 교무실로 준서와 지환이를 불러 따끔하게 야단을 쳤다.

　"재준이는 빠져도 되고 우리는 왜 안 돼?"

　야단을 맞고 돌아온 준서와 지환이가 승유에게 따져 물었다.

나를 만드는 열두 가지 태도　117

"재준이는 미리 말했지만 너희는 말없이 빠진 거잖아."

"어쨌든 빠진 건 똑같잖아? 그리고 냅다 선생님께 이르냐?"

승유는 잘못은 자기들이 했으면서 승유를 탓하는 것이 어처구니없었다.

이 일이 있고 나서 승유는 이상한 낌새를 느꼈다. 반 아이들이 승유의 말을 잘 듣지 않는 것이었다.

"얘들아, 조용히 해 줘."

승유가 이렇게 말하면, 몇몇 아이들이 오히려 더 큰 소리로 떠들었다.

처음에는 준서와 지환이가 주도했는데, 지금은 누가 먼저랄 것도 없이 승유의 말을 듣지 않았다.

어느 날 5교시가 끝나고 쉬는 시간이었다. 아이들이 목소리를 높이며 신나게 떠들고 있었다. 그때 복도를 거닐던 교장 선생님이 승유네 반에 불쑥 들어왔다.

"내 교장 생활 23년 동안 아무리 쉬는 시간이라지만 이렇게 시끄러운 반은 처음이다. 반장 누구니?"

승유는 너무 창피해서 고개를 푹 숙이고 조용히 일어섰다.

"반장이 반장 일을 제대로 하지 못하는구나. 다음에 또 오늘 같은 일이 일어나지 않도록 책임지고 조용히 시키렴."

교장 선생님은 승유에게 따끔하게 한마디 하고는 교실을 나섰다.

반 아이들은 교장 선생님의 발자국 소리가 멀어지고 나서야 웅성대기 시작했다.

"승유 어떡하냐? 교장 선생님께 찍힌 거 아냐?"

"평소 잘난 척하더니 잘됐지 뭐."

승유는 더 이상 두고 볼 수 없었다. 반장으로서 결단을 내려야겠다고 생각했다.

며칠이 지나고 승유는 칠판에 '떠든 사람 벌칙'이라고 적었다.

"교장 선생님께서 나에게 책임지라고 하셔서 많이 고민했어. 말로 해서 안 되니까 벌칙을 정했어. 교실에서 떠들면 그때마다 X표로 표시할 거야. X표를 다섯 개 받은 사람은 벌금 1천 원이야."

"그딴 벌칙 나는 찬성 못 해."

준서와 지환이가 동시에 고함을 질렀다.

"방금 둘이 X표 1개씩이야. 그리고 교장 선생님께서 나한테 맡긴다고 말씀하신 거 너희들도 다 들었지? 불만 있으면 직접 가서 따져."

대부분의 아이들이 못마땅해하면서도 '교장 선생님'이라는 말에 대놓고 반대하지 못했다. 이후 승유는 떠드는 소리가 귀에 들리면 가리지 않고 X표를 줬다.

"뭔가 부당한 것 같아."

"맞아. 반장이 못 보면 그냥 넘어가잖아. 공정하지 않아."

"처음부터 엉터리야. 벌칙도 자기가 반장이라고 승유 혼자 정했잖아."

반 아이들이 항의하자 승유는 혼란스러웠다. 승유는 자신이 뭔가를 잘못한 것 같다고 생각했다.

어떻게 공정하게 대우할 수 있을까?

반장이 이렇게 힘들 줄이야.

 왜? 친구들 때문에?

어떻게 알았어? 반 아이들이 너무 떠들어.

 반장으로서 정말 스트레스겠다.
조용히 하라고 말해 봤어?

그런 말 전혀 듣지 않아. 그래서 떠들 때마다
X표를 주거든. 근데 공정하지 못하대.

 벌칙을 친구들과 같이 정했니?

아니, 그냥 내가 정했는데?

 처음부터 다시 정하는 게 어때? 같은 기회를
주고 치우치지 않게 말이야. 그게 공정이지.

승유가 결정한 행동의 변화
중심을 잡은 공정!

"얘들아, 벌칙에 불만이 많지? 그럼, 떠든 사람한테 벌칙을 주는 것에 찬성인지 반대인지부터 함께 정할까?"

승유는 학급 회의 시간에 벌칙 안건을 올렸다.

"그래! 같이 정하는 게 맞는 것 같아."

지환이가 평소와는 다르게 진지한 태도로 말했다. 그러자 반 아이들 모두 투표를 하자고 의견을 모았다.

투표를 하자 찬성 16표, 반대 9표로 다수결에 따라 벌칙 규칙은 유지하기로 결정했다.

"쉬는 시간에 떠드는 건 벌칙에서 제외했으면 좋겠어."

이번에는 준서가 의견을 내놓았다.

"맞아. 쉬는 시간에 떠들지 못하게 하는 건 너무해."

대부분의 아이들이 준서의 의견을 지지했다. 이번에도 투표로 결정했고, 준서의 의견이 받아들여졌다.

승유는 수업 시간에 떠든 사람에게만 X표를 주기로 했다. 그리고 한 달 동안 해 보고 다시 회의를 열어 계속할지 말지, 어떻게 바꿀지 의견을 나눠 보기로 했다.

태도 사전 >>

마음가짐과 몸가짐이 단단해지는

공정은 규칙을 함께 만드는 것

공정은 같은 출발선에서 출발하는 것

공정은 친하다고 다르게 대우하지 않는 것

공정은 모두가 억울하지 않고 공평한 것

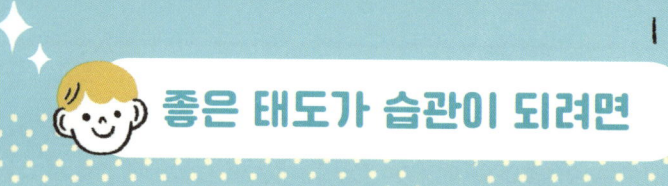

좋은 태도가 습관이 되려면

공정한 마음으로 공정한 행동을

그리스 신화에 나오는 '법과 정의의 여신'이 어떤 모습인지 알고 있니? 한 손에는 법을 엄격하게 집행하겠다는 뜻으로 칼을, 다른 한 손에는 옳고 그름을 정의롭게 판단하겠다는 뜻으로 저울을 들고 있어. 그리고 검은 천으로 두 눈을 가리고 있지. 왜냐고? 눈에 보이는 것에 치우쳐 불공정한 판단을 내릴까 봐 그런 거야.

공정은 기회를 똑같이 주고 어떤 행동에 대해서도 치우치지 않게 대우하는 거야. 인종, 성별, 계층, 나이, 지역, 부 등에 관계없이 모두 인격적으로 존중하고 평등하게 대우하는 거지. 차이는 있어도 차별은 없도록 해야 해.

실천1 내가 대접받고 싶은 대로 다른 사람을 대접하기

실천2 공동체의 일은 함께 결정하기

실천3 어려운 사람을 돕는 봉사 활동에 참여하기

공정하게 상황 판단하기

어떻게 해야 달리기 대회가 공정하게 치러질까?
다음 의견 중에서 비슷한 생각을 고르거나 다른 의견을 말해 보자.

똑같은 출발선에서 시작하면
공정한 대회가 될 수 있어.

달리기를 못하는 아이는 앞에서,
달리기를 잘하는 아이는 조금 뒤에서 달리게 해야 해.
실력에 따라 출발선이 달라야 결과가 좀 더 공정할 거야.

비슷한 실력끼리 달리기를 하게 해.
못하는 아이는 못하는 아이끼리, 잘하는 아이는
잘하는 아이끼리 조를 나누는 거야.

열두 번째 태도

협력

나만의 이익과 집단의 이익 사이

함께 문제를 해결하는 태도

 재준이가 던지는 마음의 질문
협력은 무엇일까?

재준이는 요즘 학교에 다니는 것이 버거웠다. 5학년이 되니까 해야 할 일이 많았다. 특히 모둠이나 단체 활동이 많아졌다.

"재준아, 내일 시간 어때? 학교 끝나고 우리 모둠 모이기로 했는데 괜찮아?"

"미안. 나 내일도 바로 피아노 수업이 있어서 가야 해."

"또? 그거 언제 끝나? 우리도 빨리 숙제 끝내야 해."

이번 모둠 숙제는 우리 동네 직업 체험이었다. 직업 세 개를 골라 그와 관련한 일을 하는 이웃을 직접 만나서 인터뷰하는 것이었다. 그래서 함께 모여 직업을 고르고 실제 인터뷰를 하러 가야 했다. 그러고서 자료를 정리하고 발표 준비도 해야 했다. 모둠원이 네 명이니 각자 할 일이 많았다.

"그렇게 시간이 없으면 선생님께 너 혼자 따로 한다고 말씀드리면 안 돼?"

나리가 조심스레 제안했다. 다른 친구들도 재준이가 그러기를 바라는 눈치였다. 재준이도 차라리 그게 좋겠다고 생각했다.

"알았어. 내일 선생님께 말씀드려 볼게. 그러니까 나 상관하지 말고 너희끼리 숙제해."

재준이는 속이 후련했다. 이제 친구들 눈치 보지 않고 피아노 연습만 할 수 있으니까 말이다.

재준이는 일주일 내내 피아노 수업이 빡빡하게 잡혀 있었다. 다음 달에 유명 신문사에서 주최하는 음악 영재 콩쿠르에 나가야 했기 때문이다.

재준이는 일곱 살 때부터 피아니스트가 되고 싶었다. 그래서 더더욱 콩쿠르에 집중하고 싶었다.

다음 날 재준이는 점심시간에 교무실로 선생님을 찾아갔다.

"그러니까 모둠에서 빠지고 혼자 숙제를 하겠다는 거니?"

"네. 그리고 제 꿈이 피아니스트니까 개인 수업을 해 주시는 선생님을 인터뷰하면 도움이 될 것 같아요."

재준이는 지금 상황과 숙제를 어떻게 할지를 자세히 설명했다.

"친구들과 시간을 맞추는 게 그렇게 어렵니?"

"네. 다음 달까지는 정말 어려울 것 같아요."

"알겠다. 그럼 그렇게 하렴."

재준이는 교실로 돌아가 모둠 친구들에게 사실을 전했다.

"아쉽네. 혼자서도 잘하길 빈다."

수호가 재준이의 어깨를 툭툭 치며

격려했다.

"고마워."

재준이는 얼른 학교가 끝나기를 바랐다. 오늘은 대학 교수님이 봐 주기로 해서 평소보다 더 일찍 가서 연습하고 있어야 했다.

그런데 종례 시간에 선생님이 새로운 단체 활동을 공지해 주었다. 이번에는 반 아이들 모두가 참여해야 하는 합창 대회였다.

"우리 학교가 해마다 5월에 개교기념일을 맞이해 합창 대회 하는 거 알지? 올해도 어김없이 열게 되었단다. 이제 두 달 정도 남았으니까 천천히 준비해 보렴. 나는 하나도 간섭하지 않을 테니까 너희들이 하나부터 열까지 다 스스로 해 봐."

"진짜 우리끼리 다 해요? 4학년 때는 담임 선생님께서 노래도 정해 주시고 반주랑 지휘자도 다 정해 주셨는데요. 연습도 직접 시켜 주셨고요."

기범이가 선생님의 도움을 구하는 것처럼 말했다. 다른 아이들도 같은 마음인지 함께 고개를 끄덕였다.

"5학년이면 너희끼리도 충분히 할 수 있잖니! 함께 힘을 모아서 지휘자, 반주자, 노래 다 정해 보렴. 반장, 할 수 있지?"

선생님은 승유를 보며 미소를 짓고는, 이번에는 반 아이들을 둘러보며 말을 이었다.

"한 명도 빠지면 안 된다!"

재준이는 선생님이 '한 명'이라고 말할 때 자신을 보는 것 같았다. 합창 대회는 도저히 빠질 수 없을 것 같아서 벌써 짜증이 났다. 종례가 끝나고 반장 승유가 재준이에게 다가왔.

"재준아, 피아노 반주 네가 해 주면 안 될까?"

"나 바쁜데."

"알아. 하지만 언제나 너만 빠질 수는 없잖아. 합창 대회는 우리 반의 명예가 걸려 있는 건데."

재준이는 승유가 단호하게 부탁하는 바람에 이번만큼은 선뜻 거절할 수가 없었다.

고민 치유소

왜 자꾸 협력해야 하는 일이 생길까?

- 단체 활동 강요하는 거 진짜 싫어.
- 학교에서 뭐 해?
- 합창 대회. 한 명도 빠짐없이 참여해야 한대.
- 재밌겠다. 친구들이랑 같이 노래 부르면 신날 것 같은데.
- 난 무엇이든 혼자 하는 게 더 편하단 말이야.
- 친구들이랑 뭐든 같이해 본 적 있어? 노는 거 빼고 말이야.
- 아니. 어렸을 때부터 피아노 수업만 듣느라 바빴어.
- 그럼 이번 기회에 협력하는 법을 배워 보는 건 어때? 분명 너한테도 도움이 될 거야. 함께 문제를 해결해 보는 거야.

재준이가 결정한 행동의 변화
중심을 잡은 협력!

'합창 대회에 참여하는 게 나한테도 도움이 된다고?'

재준이는 피아노 반주를 할까 말까 고민했다. 자꾸 승유의 부탁이 마음에 걸렸다. 사실 재준이는 4학년 때처럼 대충 뒤에서 노래나 부를 생각이었다. 합창 대회보다는 콩쿠르가 더 중요하기 때문이다. 하지만 이번에는 친구들과 함께 무언가를 한다는 것이 어떤 느낌인지 경험해 보고 싶기도 했다.

"노래는 정했어? 내가 피아노 반주할게."

다음 날 재준이는 승유에게 함께해 보겠다고 의사를 밝혔다.

"정말? 사실 맨날 개인 활동하고 맨날 청소도 빠져서 조금 미웠는데, 오늘부턴 재준이 널 좋아하겠어!"

승유가 어울리지 않게 친근하게 대하며 기쁨을 감추지 못했다.

"노래는 아이들이랑 정하자. 그리고 연습은 점심시간이랑 선생님께 말씀드려서 음악 시간에 하자. 그럼 너도 시간 안 빼도 되잖아."

"좋아. 나도 열심히 해 볼게."

재준이는 반 아이들과 함께 1등 할 생각을 하니 설레고 기분이 좋았다.

좋은 태도가 습관이 되려면

협력하면서 얻는 기쁨을 누려 봐

우리 사회는 경쟁 사회야. 한 사람이 성공하면 다른 사람은 실패하는 구조지. 하지만 사실 전혀 다른 방식으로 문제를 해결할 수 있어. '백지장도 맞들면 낫다'는 속담 알지? 바로 경쟁이 아니라 협력을 하는 거야.

협력은 공동의 목표를 이루기 위해 함께 머리를 맞대고 문제를 해결하는 거야. 서로 도움을 주고받으며 함께 목표를 이루고자 하는 거지. 다른 사람과 협력할 때는, 내가 모르는 것은 다른 사람에게 도움을 구하고 내가 아는 것은 최대한 공유하면 좋아. 그 과정에서 끊임없이 소통하게 되고 더 좋은 아이디어가 나올 수 있거든. 협력하면서 얻는 기쁨을 누려 봐. 문제를 해결하고 나면 만족감도 더 클 거야.

실천1 '나 하나쯤이야'라는 생각을 하지 말기

실천2 다른 친구의 의견에 귀 기울이기

실천3 역할을 나눴을 때 내가 맡은 일에 최선을 다하기

협력해야 하는 이유 생각하기

다음 중 자신이 협력하고 싶은 일을 고르고 이유도 말해 보자.

1 새로운 기술을 개발하는 일

2 단체로 하는 운동 경기

3 지구 환경을 보호하는 일

4 어려운 이웃을 돕는 일

그림 김혜령

연세대학교 생활디자인학과를 졸업했어요. 책과 그림을 좋아해 일러스트레이터가 됐고, 다양한 책과 교과서 및 광고 등에 그림을 그리고 있어요. 쓰고 그린 책으로 『각자의 리듬으로 산다』가 있고, 그린 책으로 『콘텐츠 연구소 집현전입니다』 『과학은 쉽다! 8 : 물질과 화학 반응』 『내가 SNS에 올린 글도 역사가 된다고?』 등이 있어요.

마음이 치우치지 않게 중심을 잡는 힘
나를 만드는 열두 가지 태도

초판 1쇄 2023년 4월 30일 | 초판 3쇄 2024년 11월 5일

글쓴이 강승임 | 그린이 김혜령
펴낸곳 책속물고기 | 출판등록 제2021-000002호
주소 서울특별시 영등포구 양평로 157, 1112호
전화 02-322-9239(영업) 02-322-9240(편집) | 팩스 02-322-9243
전자우편 bookinfish@naver.com
카페 http://cafe.naver.com/bookinfish | 인스타그램 @bookinfish
콘텐츠 프로바이더 와이루틴

ISBN 979-11-6327-134-5 73190

*이 책의 내용을 쓰고자 할 때는 저작권자와 출판사 양측의 허락을 받아야 합니다.
*잘못된 책은 바꾸어 드립니다.
*값은 뒤표지에 있습니다.

품명 아동 도서 사용연령 10세 이상
주의사항 ◎ 종이에 베이거나 긁히지 않도록 조심하세요. ◎ 책 모서리가 날카로우니 던지거나 떨어뜨리지 마세요.
KC마크는 이 제품이 공통안전기준에 적합하였음을 의미합니다.